Eduard Wagner 2017

Önsöz

İstediğin gibi görebilirsin: Bunlar anılar mı yoksa hayatımdaki bir dizi olay mı? Bunu yaşadığım zaman, bunun doğru olduğuna inandığımı söylemek isterim. Bunun yapılacak doğru şey olup olmadığı konusunda akrabalardan veya arkadaşlardan neredeyse hiç tavsiye almadım. Ama bunu hesaba katar mıydım diye hep bir soru vardı.

Elbette ilerleyen sayfalarda her zaman yasallığın eşiğinde olduğum yerler oluyor. Ama bunlar bir süre önce olduğu için ve o zaman yaptıklarımın ve yapmadıklarımın şahsen arkasında olduğum için, bu sonuçların ortaya çıkmasında herhangi bir sorun görmüyorum. Dolu ya da mutlu bir yaşam olup olmadığı bana değil, okuyucuya kalmış, ama sonunda bir sonuca varacağım.

Aile 1970

<u>Aralık 1959 ebeveyn evi</u>

1959'un sonunda Viyana'da gün ışığını gördüm, orada bulunmama rağmen zar zor hatırlıyorum. İkinci doğan erkek kardeşim Tuna Swabian ailesinde zaten 6 yaşındaydı. Kökenimi açıklamak gerekirse: İkinci Dünya Savaşı'nın sonunda, ailem partizanlar tarafından silah zoruyla şimdi Sırbistan olan yerden kovuldu ve hayatları tehdit edildi. Etnik Almanlar grubuna (Tuna Swabians) ait oldukları için ana dilleri Almancaydı, yani Sırp-Hırvatça da konuşabiliyorlardı. Ataları şu anda Prinz Eugen tarafından o zamanlar Yugoslavya olan yere, oradaki altyapıyı güçlendirmek için yerleştirildi ve bunu başardılar. II. Dünya Savaşı'nın kargaşası içinde hem kuzeyden hem de güneyden partizanlar tarafından hayatları tehdit edilerek sürüldüler. Bu zamana kadar orada yaşayan Yugoslavlar ile Almanca konuşan nüfus arasında hiçbir düşmanlığın olmadığı yerde refah ve itibar kazanmışlardı. Ailem ve aileleri 1944'te şu sözlerle karşılandı: Orada ne yapıyorsun? Almancayı neden bu kadar iyi konuşuyorsun? Eve gizlice gir. O zamanlar sadece "yabancıların" kabulüydü. Bugünü artık hayal edemezsiniz. Peki bana dön. En azından 10 yaşıma kadar kolay bir çocukluk geçirdim. Babam Sırbistan'da öğrendiği mesleği sürdürdü ve annem de o zamanlar gelenek olduğu üzere ev hanımıydı. Ailemin imkanları ölçüsünde oyuncaklardan bisikletlere kadar her şeyi aldım. Yazın her yıl kardeşim ve annemle iki üç haftalığına güney Aşağı Avusturya'da bir misafirhaneye giderdim. Babam maddi nedenlerden dolayı hafta içi çalışmak zorunda olduğu için cuma günü moped ile bize geldi ve pazar gününe kadar kaldı. Babamın ehliyetini ancak 1972'de aldığını belirtmek gerekir. O sırada pansiyonun yakınında oturan bir aileyi de tanıdım. Bunda biri beş yaş küçük, diğeri bir yaş büyük iki kızı vardı. Büyük olanın benimle çocuk beziyle tanıştığı anlamına geliyor.

Eylül 1966 okul

Okul kariyerimin başlangıcı. İlkokulda erkek sınıfındaydım. O zamanki Pädag mezunu bir öğretmen olarak kendini tanıttı. Yaklaşık 25 yaşındaydı ve o yaşta anladığım kadarıyla güzel bir kadındı. O zamanlar beni oldukça şaşırtan bir anekdotu hala hatırlıyorum. Okul günlerimin başında anneme geldim ve ona şunları söyledim: Sen anne, öğretmen parmaklarını parlak kırmızıya boyadı. Böyle bir şeyi nasıl yaparsın? Arka plan, öğretmen Ulrike'nin o zamanlar benim için henüz yaygın olmayan sadece tırnaklarını boyamış olmasıydı. Sanırım annem o sırada yana döndü ve muhtemelen gülümsemek zorunda kaldı, sonra bana bunun neyle ilgili olduğunu açıkladı. Resim ve çizim dışında ilkokuldan çok iyi notlarla mezun oldum. Ama suçları "köşede durmak" ile cezalandıran "kadın öğretmene de saygım vardı. Okula giden yol, o zamanlar her şey hala yayaydı, her zaman bir meydan okumaydı, çünkü her zaman kaldırımda hokkabazlık yapabileceğiniz bir, iki veya üç okul arkadaşı vardı.

Eylül 1970 lisesi

Bu yaşta hayalimdeki "doktor" mesleğini hayal etmeye devam ettikten ve ilkokul sertifikam buna göre alındıktan sonra, ailem beni lisede komşu ilçeye kaydettirdi. 1969'da babam, artık kârlı olmadığı için sodalı su şişelerinin tamiri için ticaret ruhsatını iade etmişti ve daha sonra yeni bir işe, yani günlük gazete satmaya yöneldi. Bu da demek oluyor ki ülkemizdeki en büyük gazeteyi kolportör olarak akşam saat 23:00'e kadar bir stantta sattı. Bu yarı yarıya karlı olduğu için annem de gazete satmaya başladı. Bununla, yıllar içinde, ikimiz de yani kardeşim ve ben, kendilerini çok para biriktirebildiler, esenlik ihmal edilmedi. Artık hümanist lisenin birinci sınıfındaydım. Pazartesileri her zaman matematik ve İngilizce birbiri ardına gelirdi.

Bu bir süre yarıda kaldı, ama bir süre sonra hastalandım ve ailem bana hasta olduğuma dair bir onay yazdı. Ama öğretim görevlileri bu kâğıdı benden almadığı için bende sakladım. Şimdi Pazartesi ile İngilizce ve matematik bana daha fazla itici geldi, bu yüzden bir ya da diğer pazartesi günü "mavi" olma ve okula gitmeme fikri aklıma geldi. Daha sonra ailemin imzasıyla hasta olduğumun teyidini sundum. Çoğunlukla aynı hastalıklar olduğundan ve imza artık en iyisi olmadığından, olması gerektiği gibi oldu. Aniden ailem okula gelmeleri için bir çağrı aldı. Elbette eksik günlerim ve alınan notlar soruldu ve buna göre bana şaşırdılar ya da hayal kırıklığına uğradılar. Bunun sonucu olarak okul beni bir "felakete" mahkûm etti (okulda tek başına 4 saat yazma cezası). Bildiğim kadarıyla, bu tür bir ceza bugün artık mevcut değil. Sonunda okul yılı iki beşli ile sona erdi. Bu, o zamanlar hala gerekli olduğu için 1. sınıfı tekrar etmem gerektiği anlamına geliyor.

Eylül 1971 yatılı okul

Benim için bu belirleyici olaydan sonra aile meclisi, annem babam ve on yedi yaşındaki erkek kardeşim şeklinde toplandı. Babamın

Sırbistan'daki okul günlerinde birkaç yıl Almanca konuşulan bir yatılı okulda okuduğunun önceden bildirilmesi gerekirdi. Böylece hangi okula devam etmem gerektiği konusunda tavsiyeler verildi. Tabii ki 11 yaşımdayken beni nelerin beklediğini bilmediğim veya sadece sınırladığım için aile konseyinin kararını kabul etmek zorunda kaldım. Doğuştan Protestan olarak vaftiz edildiğim için, Strebersdorf'taki kardeşler gibi Katolik yatılı okullarına kaydım kabul edilmedi. Bu karar, 13. bölgede bir hümanist dilbilgisi okulu da içeren bir yatılı okula gitmem anlamına geliyordu. Ailem adına bu kararla uzun süre tartıştım, çünkü pazar akşamından Cumartesi öğlene kadar aşağı yukarı orada kilitli kaldım. Hafta boyunca bir şeyi "kırdıysam", hafta sonu da elbette bir sonuç yoktu. Neyse ki, 13. bölgede durum nadiren böyleydi. Bu evde ilginç olan bir şey vardı, çünkü bu kurumun başkanı Adalbert Stifter'in torunuydu (adı aynıydı). Bu yönetmen, dumanın binanın her yerinde hissedilebildiği ve giderek artan yoğunlukta, tehlikenin yakın olduğunu biliyorduk, hevesli bir pipo içicisiydi. Himmelhof'ta 3 yıl geçirdim, oradaki yatılı okulun adı bu şekildeydi. Daha sonra aynı hoca Franz ile 2. bölgede aynı adı taşıyan yatılı okula taşındım. Ancak oradaki gelenekler 13. bölgedeki ile aynıydı. Bu, hafta boyunca benim tarafımdan bir suiistimal varsa, hafta sonunu yatılı okulda cezalı olarak geçirmeme istemeyerek izin veriliyordu. Oradaki denetim çok iyi olmadığı için ve tabii ki ben de yaşlandığım için yatılı okulda genellikle hafta sonları oluyordu. O sıralarda, 13 yaşında sigarayla tanıştım, bu da beni evde kalmaya zorladı. Nikotinle olan bu dostluk bugüne kadar benimle kaldı. 4. sınıfa kadar her şey oldukça iyi gitti ve ardından çalışmalarını yeni bitirmiş olan bir Karintiyalı biyoloji öğretmenimiz oldu. 14 ila 15 yaş arasındaki biz öğrenciler için, tabii ki, ergenlik açısından bir meydan okumaydı, çünkü ona uygun bir figürü olan güzel bir kadındı. Bu yüzden ders sırasında bana en kötü davranış derecesini kazandıran bir ifadeye kendimi kaptırdım. Ayrıca çeşitli nesnelerdeki en kötü notları da topladım, böylece 4. sınıfı tekrar etmek zorunda kaldım. Bu başarılı oldu ve artık evde bu öğretilmediğinden komşu semtteki hümanist dilbilgisi okulunun 5. sınıfına gitmek zorunda kaldım. Hala doktor olmak istediğim için Latin dilini de çok sevdiğim için eski Yunanca kullanacağımı varsaydım. İlk defa karma bir sınıfa girmem ilginçti ama sadece 6 kız ve diğer erkekler vardı. İlk sömestrde öğrenmeye biraz hevesliydim ama eski Yunancayı hiç sevmediğim için notlar buna göre görünüyordu. Sadece bu konu ile bitmedi ve bu yüzden dersi tekrar etmem gerekecekti, ancak o zaman bu artık mümkün değildi. Bu yüzden ailem, şimdi 17 yaşımdan beri çıraklığa başlamama karar verdi. 16 yaşlarındayken, o zamanlar yatılı okuldayken, annemin bir arkadaşının oğlu olan Ernst, her cuma akşamı halk oyunlarına gitmek istemesem de bana yaklaştı. Yatılı okulda bu elbette zor bir işti, çünkü oradan çıkmak her zaman böyle değildi. Sonunda, cuma günü akşam 6'dan akşam 10'a kadar dışarı çıkmama izin verildi. Halk dansları, Tuna'nın 3. bölgesindeki Svabyalıların evinde gerçekleşti. Oraya ilk geldiğimde, en gençlerinden biri olduğum 30 kadar genç erkek ve kadın buldum. Yerli bir Tuna Swabian, bizimle halk danslarını prova eden lider olarak bana kendini tanıttı. Ama iş dans etmeye geldiğinde kesinlikle anti-yetenek olduğum için, bu adam da bana bunu öğretmekte zorluk çekiyordu. Değişen bir adımın sırasını anlamadığım için denetçinin kalçamı eline aldığı bir olayı hala hatırlıyorum. Muhtemelen bugüne kadar hiçbir şey değişmedi. Bu akşamlarda 8-10 kişilik halk oyunları çalıştık ve daha sonra

Ocak ve şubat aylarında balo sezonunda sergiledik. Zamanla, Viyana Prater'de haftada iki kez bowlinge giden aynı yaşta bir grup insan gelişti. Bu, haftada bir antrenman ve cuma günü şampiyonluk demektir. Bir sponsorumuz, bir nakliye şirketimiz olduğu için bize çok pahalıya mal olmadı. 1982 civarında 7 erkek ve kadın bu şirketle yaz aylarında Split'ten Dubrovnik'e 10 kişilik bir yelkenli gemide yelken açtı. O hafta her gün bir adaya gittik, mola verdik ve sonra yola devam ettik. Harika bir deneyimdi

Ağustos 1972 hafta sonu evi

Babamın 1969'daki kariyer değişikliği birikim açısından başarılı olduktan sonra, kendilerine epeyce para biriktirmeyi başardılar. Şimdi ailem Aşağı Avusturya'da küçük bir hafta sonu evi aramaya gitti. Güney Viyana Havzası'nda yaklaşık 10.000 nüfuslu bir belediyede aradıklarını buldular. İlk görüş aileme bir pazarlık gibi geldi, ama sonrasını hayal edemediler. 12 yaşında bir çocuk olarak benim için tabii ki bir zevkti, çünkü arazide çok sayıda meyve ağacı ve çalı vardı ve 1930'dan kalma bina da görülebilsin diye testereyle kesmeden sonra yakmama izin verildi. Bir süre sonra yanmanın komşuları biraz rahatsız ettiğini hatırlıyorum, o zaman buna hala izin veriliyordu. Ama evet, biz Aşağı Avusturya'ya genişlemek için gelen "Viyanalı"ydık. Ağaçlar ve çalılar ortadan kaldırıldı ve evi görebiliyordunuz. Yıllardır kullanılmamış olması dezavantajı vardı ve bu nedenle zemini ve çatı katı ile ıssız bir durumdaydı. Her şeyi yaktıktan sonra bisikletimi aldım ve kendisine ait olan dağların olduğu bölgeyi keşfettim ve defalarca bir işçi yerleşiminin önünden geçmek zorunda kaldım. Bir gün orada olan bir adam bana bisikletimden inip onunla oturabilir miyim diye sordu. İstediğini yaptım ve yanına oturdum. Sonra daha fazla erkek geldi ve ilginç bir konuşma gelişti. Bu toplantıdan sonra en az on yıllık bir dostluk gelişti ve her hafta sonu farklı bir şey yaptık. Sadece yıllar içinde ortaklar katıldı, bu arkadaşların her biri Aşağı Avusturya'da başka bir yere taşındı ve dostluklar sona erdi.

Tadilattan sonra ev

1972 ilk öpücük

Ailem hep yazın tatile gitmek istediğinden, Viyana'daki Evanjelik kilisesine tüm ailenin aynı inanca sahip olduğunu sordular. Bu, Styria'daki tüm aile ile tatillerle sonuçlandı. Oradaki tek aile biz değildik, yaklaşık 50 kişi vardı. Her gün, her zaman güzel olan tüm geziler ve yürüyüşlerle yaptık. Bir gün geziden biraz daha erken döndük, Angela benimle konuştu, benden bir yaş küçüktü. Oturduğumuz evin çatı katında bir eşek arısı yuvası keşfettiğini ve seninle gelsem de tek başına tekrar bakmaya korktuğunu söyledi. Peki, neden olmasın, hiçbir şey olamaz. Bu yuvanın önünde durduğumuzda aniden arkasını döndü ve beni dudaklarımdan öptü. Dehşete kapılmıştım, bunu sadece annemin yapmasına izin verildi ve başka kimsenin yapmasına izin verilmedi. Ama yine de kendime sakladım.

Kış 1975 satışı

Ağabeyim banka memuru maaşına ek olarak bir şeyler kazanmak istediği için 10. bölgede bir lokantadan diğerine arabayla gidip oradaki en büyük günlük gazeteyi sattı. Ama 20 yaşına kadar tek yürek olduğumuz için gazete satıp harçlığımı alabileceğimi söyledi. Bunu yapmak için 10. bölgede bir yaya bölgesinde sarı bir ceket giyiyor ve gazetelerimi övüyordum. Akşam 10-15 gazetenin hesaplarını kapattık. Çok karlı olmadı ama dediğim gibi harçlığım arttı.

Eylül 1977 çıraklık

Babam, 16. mahallede o zamanlar çok ünlü olan büyük bir bakkal toptancısı ve üreticisinin İK müdürünü tanıyordu ve ben de büro memuru olarak çıraklığa başladım. İlk işim toptan muhasebede çalışmak oldu. Orada 50 yaş ve üstü dört adam buldum. Bunun için daire başkanı imza yetkilisiydi.

Ama daha önce yatılı okuldan yeni çıktığım için yeniden kazandığım özgürlüğün tadını çıkardım. Bu, boş zamanlarımda bir gece uykusu alma konusunda çok katı olmamamla kendini gösterdi. Bu, Viyana'da Ernst adında bir arkadaşım olduğuna göre, neredeyse her akşam akşamları yola çıkıyorduk. Tabii ki eve gitmek geç oldu. Yani ertesi gün iş performansım buna göre oldu. Sırtımı dayadığım genel müdür, çalışmaya devam edebilmem için tükenmez kalemle masaya tekrar tekrar vurdu. Ancak zamanla, bir günde sadece 100 ila 200 sevk irsaliyesi eklemek benim için çok sıkıcı hale geldi ve ben de patronumla şirkette başka bir departmana aktarılıp atanamayacağımı konuşmaya karar verdim. Talebim kabul edildi ve çay bölümüne transfer edildim. Orada genç bir memurla tanıştım ve patronu imza yetkilisiydi. Burada büro memuru hakkında pek bir şey öğrenmedim ama eski müdür bana çay hakkında çok şey öğretti. Bu yüzden çok özel bir ritüelden geçen çay tadımını her sabah kurmak zorunda kaldım: Bu yüzden en az 10 kâse sıcak su ayarlayarak başladım ve ardından tam olarak 2 gram çayın eklenmesine izin verdim. Sonra beyefendi geçti ve her bir kâseden bir yudum aldı, ağzında tuttu ve damak zevklerinin üzerinden akmasına izin verdi. Bu işlemle bu çayın kalitesini belirleyebildi ve ardından buna karşılık gelen miktar sipariş edildi. Bu departmandaki işim sırasında, poşet çay üretimi için otomatik bir tesis eklendi, bu beni çok etkiledi, çünkü bir tarafta teslim edilen çay büyük kutularda ve sonunda 20-25 poşet çay bitti. Paketlenmiş çıktı. Ancak öğrendiklerim sınırlı olduğu için yeni bir bölüme geri dönmek istedim ve bu yüzden taze ürünler bölümüne 18 yaşlarında geldim. Oradan günlük 250 şubeye meyve ve sebze teslimatları hazırlandı. Bunu yapmak için, münferit dükkanların elbette her gün telefonla sipariş alması gerekiyordu. Artık Gençlik Koruma Yasasına göre fazla mesai yapmama izin verilen yaşa geldiğimden, uygun şekilde ücretlendirilen Pazar ayinlerine kaydoldum. Meslektaşlarım hemen hemen benim yaşımdaydı, bu yüzden kısa sürede arkadaşlıklar kuruldu. Bu yüzden ara sıra Pazar çalışmamızdan sonra bir şeyler içmeye gittik, ta ki biri yanında sadece kapalı odalarda tüketilebilecek bir şey olduğunu söyleyene kadar. O zamanlar naif olduğum için bir daireye girdik ve koltuk olmadığı için yere oturduk. Aniden söz konusu meslektaşı cebinden bir sigara çıkardı, yaktı ve verdi. Şüphesiz ben de diğerleri gibi bu sözde sigarayı çektim. Sonra tüttürüldüğünde bunun bir müşterek olduğu söylendi. Özetim güzeldi, saflığım ve hepsinden önemlisi, hiçbir şey hissetmemiştim, bu yüzden mesele benim için çözüldü ve bir daha böyle bir şeye dokunmadım.

Eylül 1978 İlk daire

Ağabeyim 21 yaşındayken artık karısı olmayacağını ve zaten kendi dairesi olduğunu söyledikten sonra, annemle babamın Viyana'da yaşadığı aynı evde yaklaşık 35 metrekarelik küçük bir daire tuttum. Ancak bu sıralarda yaklaşık 30 yıldır mücadele etmek zorunda kaldığım yer de başladı. Bir yanda, hafta sonu boyunca Aşağı Avusturya'da bir kerelik arkadaşlarım ve Viyana'da bir arkadaşım vardı. İkincisi ile hafta boyunca neredeyse her gün dışarı çıktım ve bu yüzden çok fazla farklı şey yapmadık. Daha sonra çoğunlukla kâğıt oynayabileceğiniz barlara gittik. Ama zamanla bu biraz sıkıcı hale geldiği için para için oynamaya karar verdik. Ancak bu da tatmin edici değildi ve yerel makinelerde para ekleyip kazanabileceğiniz makineler gördük. O zamanlar Avusturya'nın her yerinde bulunabilen tek kollu haydutlar olarak adlandırılıyordu. Evet, başlangıçta her zaman daha küçük veya daha büyük kârlar vardı, ancak zamanla bu elbette bir açıktı. Her şeyden önce, bu tür cihazların Aşağı Avusturya'da da mevcut olduğunu keşfettim. Ve böylece bağımlılığım başladı, kesinlikle hemen değil, ama zaman içinde farkında olmadığım bir çizgiyi aşmıştım.

Mayıs 1978 renk körlüğü

O zaman askerlik yapmak için Avusturya Silahlı Kuvvetlerine gitmem gerekiyordu. O zamanlar hiçbir sağlık şikâyetim yoktu, ancak daha sonra bana farklı renkli noktalara sahip bir kart verildi ve benden bir rakam ve bir harf okumam istendi. Ama haritalara farklı açılardan bakmama rağmen bunu yapamadım. Yani renk körü yani kırmızı-yeşil-körü olduğum tespit edildi. Ancak, Komisyon benim tam nitelikli olacağıma karar verdi. Yarım yıl sonra babamla motosiklet ve ehliyetimi almak istedim. Ancak bunu yapmak için bir teste de katlanmak zorunda kaldım. Diğer şeylerin yanı sıra, bir daha hiçbir şey okuyamadığım başka bir renk kartı verildi. Daha sonra ilgili mütevelli heyetinde reaksiyon testi ve 3. bölgede psikolojik test de dahil olmak üzere daha fazla muayeneden geçmem gerektiğini söylediler. Bu psikolojik test yaklaşık 20 sayfaydı ve doldurması sıkıcıydı çünkü ben yapmadım. Duygusu. Benim de ifade ettiğim iddiam, ehliyetim olduğu ve ehliyet almama izin verilmediğiydi, o zaman seni vururum çünkü kırmızı ve yeşil arasında karar veremiyorum. Bildiğim kadarıyla sadece trafik ışığındaki kırmızı hep aynı yerde. Sonunda en az bir arabanın ehliyetini aldım, 16 ve 17 yaşlarımda 2 mopedim olmasına rağmen motosiklet için birinden vazgeçtim ve onlarla hiç kaza yapmadım.

Ekim 1980 Federal Ordu

Ekim ayının başında Avusturya Silahlı Kuvvetleri'nde askerliğimi Martinek kışlasında yaptım (emeklilik?). İlk altı hafta temel eğitim ve aynı zamanda yorucuydu. Aralık ayının başında doğum günüm olduğunda, her şeyden önce görevdeydim ve bu resmî tatildeydi. Bu, nöbetçi gardiyan tarafından yaklaşık 15 kişiye her biri için 20 mermi verildiği anlamına geliyor. Şimdi masada oturmak ve bir emrin gelmesini beklemek, diyelim ki kışlayı dolaşmak zorunda kaldım. Nasıl oldu bilmiyorum ama birden masanın üzerinde 2 litrelik beyaz şaraplı bir şişe belirdi ve arkadaşlarım doğum günüm için beni alkışladılar. Evet, ama ne yazık ki tükettiğimiz tek şişe o değildi. Bu, kışla bölgesindeki bir sonraki kontrol turunda yolun daraldığı ve daraldığı ve sonunda yasal boşluklarda 20 mermilik gerçek mühimmatla tüfeğimi boşaltmak zorunda kaldığım anlamına geliyor. Bunu kendim yapmayı başaramamıştım, bir yoldaş bana yardım etti. Aşağıdaki uyarı ile zorunlu bir rapor dışında her şey cezasız kaldı. İlk altı haftadan sonra basın ofisine atandım. Bu binbaşı sabah oradaydı ama sonra ofisten ayrıldı ve iş bitmeden bir saat önce geri geldi. Oradaki işim, çeşitli günlük gazetelerde egemen hakkında haberler aramaktı. Zaman alıcı bir iş değildi, oldukça hızlı bir şekilde tamamlandı. Böylece gece boyunca çok az sahip olduğum şeyi, yani uykuyu yakalayabildim. Ekim ayında taşındığımda, boyuma bölünmüş 65 kiloydum. Baden şarabını daha önce bilmediğim için kışla bölgesinde tanıdım. 8 ay sonra silahsızlandığımda 65 değil, 72 kiloydu, bugüne kadar aşamadım.

Eylül 1980 meslek

Büro memuru olarak çıraklığımı başarıyla tamamlamıştım, askerliği daha az başarılıydı ve bu yüzden kendi kendime nasıl devam edeceğimi düşündüm. Artık akşam kurslarına ilgi duymaya başladım ve bir muhasebe kursuna başladım ki bu kısa sürede benim için yanlış oldu. Böylece bilgisayarların bir geleceği olduğunu keşfettim ve 1980'den 1981'e kadar her akşam 18:00'den 22:00'ye kadar olan WIFI Viyana'da programlama dersleri aldım. Bunu en azından Pascal'daki sınavlarla tamamladım, Cobol'da geçemedim. Sertifikalarla, iş piyasasında şansımın daha yüksek olduğunu kastetmiştim ve 1981 Ağustos'unun sonunda bakkal toptancısındaki işimden ayrıldım. Hemen 5. bölgede boru ve şalt kutusu imalatı yapan bir firmada memur olarak tekrar işe başladım. Yaklaşık bir yıl sonra bu şirketin fabrikasının da bulunduğu 11. bölgeye taşındık. Orada bana tekrar tekrar ilham vermeye çalışan, benden daha yaşlı, sevimli bir işletme mezunu vardı. Ancak emekli olduğunda, halefi olarak mezun bir kadın mühendis geldi. Bunun amacı birikim yapmaktı ve böylece iki yıl dokuz ay sonra işten atıldım. O zamanlar en az iki maaşla kıdem tazminatı ödeniyordu, ancak şirkette sadece üç yıl sonra. Bu yüzden yeni bir iş aramak zorunda kaldım ve bunu günlük gazetelerde öğrendim. Sonra bir psikolojik test enstitüsünde ön seçimin yapıldığı bir iş buldum. Bu enstitüye 1984 yılının mayıs ayının başında geldim ve bana doldurmam gereken 20 sayfalık bir test paketi sunuldu. Bu kâğıda birkaç giriş yaptıktan sonra, bu kağıtları zaten elimde tuttuğumu düşündüm. Ve aynen böyleydi, yıllar önce ehliyet almak için aynı sınava girmem ve o gün işe başvurmam gerekiyordu. Kulağa biraz garip geliyor. Bilgilerimi değerlendirdikten sonra 8. bölgede görüşmem istendi. Bu pozisyonun ön koşulu, sadece bir yıllık ebeveyn izni ikamesi olmasıydı. Orada Aşağı Avusturya'daki araştırma merkezinde çalışan ve aynı zamanda banka defterine bakan bursiyerlerin hesabını vermem gerekiyordu. Ancak her şey benim için biraz fazla küçük bir meydan okuma olduğundan, daha fazla göreve odaklandım. Bunlar finans, bütçe ve varlık muhasebesini içeriyordu. Yıllar önce edindiğim, öğrendiğim bilgisayar dilleri, mevcut "programcı" tarafından engellendiği için kullanılmadı. Böylece doğum izninin ilk yılı sona erdi ve şimdi yönetim kurulunda bir taşım olan o zamanki patronum sözleşmemi tereddüt etmeden uzattı. Ancak bu şirkete (yarı halka açık) katıldıktan yaklaşık bir yıl sonra 8. bölgedeki ofis kapatıldığı için Aşağı Avusturya'ya taşınmak zorunda kaldık. Viyana'dan şirket otobüsünü kullanma fırsatımız oldu. Ama iş sabah 8:30'a kadar başlamadı ve bu benim için çok geçti. Bu yüzden 2. arabamla birlikte işe gideceğimiz bir meslektaşımla konuştum. Bunu yaparken, seyahat masraflarına katkıda bulundu. Bu, hava nasıl olursa olsun her iş günü sabah 6'da yataktan kalkmak, akşamları 35 km dışarı ve 35 km geri gitmek anlamına geliyor. Ama Aşağı Avusturya'da bu işe değer verdiğim için kabul ettim. Orada geçirdiğim zaman sadece profesyonel değil, aynı zamanda kişisel olarak da hayatımda edindiğim, özellikle de ondan çok şey öğrendiğim için, deneyim açısından zengin bir işti. Çalıştığım bölümün adı muhasebede 15 civarında kadın ve sadece 2 erkek vardı ve bu beni başlangıçta daha az etkiledi. Ancak yıllar içinde iki oda ötede çalışan bir meslektaşımla arkadaş oldum. Yaklaşık 2 yaş daha genç ve oldukça zekiydi, işinin yakınında ailesiyle birlikte iki aileli bir evde yaşıyordu. Olması gerektiği gibi, oldu, dostluk daha fazla oldu. Çoğu zaman onun evinde kaldım ama Viyana'daki daireme geri dönmeye devam ettim. Sonra bir gün bana hamile olduğunu söyledi. O zamanlar 26 yaşındaydım ve o kabul ettiği için ona evlenme teklif etmeyi benim görevim olarak gördü. Zaten bir kilise ya da nüfus dairesi arıyorduk ve aşağı yukarı düğün için bir tarih belirledik. Şirkette, tabii ki, gerçekten sevmediğim bir şeylerin döndüğü gizlice söylendi. Ancak, onun tarafından sadece hamilelik ifadesi olduğu ve aylar boyunca başka hiçbir şey göremediğim veya duyamadığım için bunun doğru olup olmayacağı konusunda şüpheye düştüm. Şimdi, ek olarak, meslektaşların "baskısı" giderek arttı. Bu nedenle 1987'nin sonunda, nitelikleri benimkinden daha az olduğu için üç buçuk yıl sonra görevimi bırakmaya ve şirkette önceliği almasına izin vermeye karar verdim. Tabii ki ben de istifa ettiğim için iki maaş anlaşması da yoktu. Bir süre sonra kız arkadaşımın iddia edilen hamileliğini kontrol ettim ama muhtemelen hiç hamile kalmamıştı. Bu pozisyon için üzgünüm çünkü şartlar her zaman en iyi olmasa da çok şey öğrenmiştim.

Ocak 1988, baba tarafından istihdam edildi

Babam bu yıl 58 yaşında olduğu için onun yanında kâtip olarak çalışmaya karar verdim, bu da bu noktada az çok kendi hesabına çalıştığım anlamına geliyor, çünkü bir baba oğlu için fazla bir şey yapamaz. Meslek lisesinde muhasebeci olduğum için muhasebeyi kendimiz yapmaya karar verdik. Vergi müşavirimizin görevi sadece ilgili beyanname veya bilançoyu hazırlayıp vergi dairesine ibraz etmekti. 1989'da aynı vergi danışmanı, bilançodaki 0.25 S'nin sadece bir Mickey Mouse miktarı olduğunu ve bu nedenle alakasız olduğunu söyledi. Bunun üzerine kendisiyle olan sözleşmemizi feshettik ve sonraki birkaç yıl boyunca gelir vergisi beyannamelerini ve ortaya çıkan bilançoyu kendim hazırladım. Bunun tek dezavantajı tabii ki bu konuda tecrübem olmamasıydı. Böylece ertesi yıl sorumlu vergi dairesinden bir mektup aldım. Açtığımda, vadesi geçmiş 1,5 milyon şilinlik bir şart okudum. Şans eseri bu mektubu açtığımda oturuyordum. İlgili formu doldururken virgül hatası yaptım. Yaklaşık 4-5 randevudan sonra bunu düzelttim. Bu süre zarfında her gün teslim etmem gereken 100'e yakın kolportörüm (müşteri) vardı, çok azı 20. bölgedeki iş yerimize gelmeye vaktim oldu. Kolportörü açıklamak gerekirse, meydanlarda, tren istasyonlarında ve sokaklarda akşamları veya sabahları renkli ceketlerle günlük gazete satan kişiydi. Benim için onlar her zaman bağımsız tüccarlar olarak kabul edildi. Bu, dergileri, yani süreli yayınları belirli bir indirimle benden satın aldıkları ve ardından her üründe belirtilen sabit bir satış sonu fiyatıyla sattıkları anlamına geliyor. Bu sektörün dezavantajı ise yüzde 100 geri dönüş hakkının olmasıdır. Bir müşteri benden 10 adet dergi alıp sadece 5 tanesini sattıysa, dergi yeniyken kalan 5 adeti bana iade edebiliyor ve bunlar mahsup ediliyordu. Tabii toptancılar, yayıncılar gibi tedarikçilerimle de hakkım vardı. Her şey, elbette, muazzam bir zaman miktarıyla ve hepsinden öte, ilgili faturaların hassas bir şekilde kontrol edilmesiyle bağlantılıydı. Bu nedenle, 50 ila 60 saatlik bir hafta istisna değil, kuraldı.

Eylül 1992 serbest meslek

Babam bu yıl 62 yaşındaydı ve 47 yıllık katkılarından sonra nihayet emekli olduğu konusunda birçok tartışma yapmak zorunda kaldım. Bu ona maddi olarak pek bir şey kazandırmazdı. Bu yüzden iki ticaret lisanslı bu dergi toptancısını devraldım, o zamanlar başka yolu yoktu. Oda bölümünün iki üyeliği ve sonuç olarak bunun için iki ücret anlamına gelir. Sonra iki ila üç yıl sonra bir rakip ortaya çıktı. Bu Bay Robin, daha küçük bir günlük gazeteden kendi kolportajını kurma fırsatı buldu. Başka bir deyişle, birkaç yabancıya ceket ve günlük gazete verdi ve bu insanları Viyana'nın her yerine dağıttı. Ancak zamanla bu adamın halka bedava yer vermediğini, her şahıstan 5-6 haneli şilin tutarında depozito talep ettiğini ve daha kendisine yer tahsis edilmeden öğrendim. Bildiğim kadarıyla, bu sadece çok seyrek yazılı olarak yazıldığından, bu noktada bunun bir noktada yanlış gideceğinden şüphelendim. Bu beni pek ilgilendirmediği için yönetmesine izin verdim. Sonra bir gün yanıma geldi ve karşı anlaşmalar yapabileceğimizi söyledi, buna itirazım yoktu. Viyanalı bazı yayıncılardan iyi şartlarda dergiler aldım ve onunla pek farklı değildi. Bu bir süre için iyi gitti, o bana teslim oldu, ben ona karşı mahsup edildi. Ama bir gün, çok büyük bir miktar değildi, telefon çaldı ve Robin hattaydı. Ona hala bir borcum olduğunu ve bunu talep etmek istediğini söyledi. Bu beni o kadar öfkelendirdi ki, isteğimden vazgeçtiğimi ve artık ondan haber almak istemediğimi söyledim. Evet, bu sadece benim dileğimdi. Giderek daha fazla Arap, Pakistanlı ve Hintliyi işe aldı ve sonunda iki ana tedarikçime gitti. Bunun arka planı, dergi toptan satış işinde çalışmaya başladığımda, %4,9 daha yüksek indirim almak için bu iki tedarikçiyle görüştüm. Bu, %28,2 yerine %33,1 brüt ile daha yüksek olan anlamına gelir. Bu talebim Salzburg'daki bir tedarikçinin genel merkezine gittiğimde bile cevapsız kaldı, yaklaşık 10 yıl sonra indirim artışını elde etmiştim. Bay Robin, bu iki tedarikçiye her ne olursa olsun gitti ve hemen daha yüksek indirim aldı, ki bu bağlantı benim için açıktı, ama bunu benden vermeyeceğim.

Babasıyla birlikte 20. bölgede iş yeri

Kasım 1988

Şimdi 28 yaşındaydım, Aşağı Avusturyalı arkadaşlarım kısmen profesyonel nedenlerle, kısmen ortaklık nedenleriyle federal eyaletin her yerinden ayrılmışlardı ve bu yüzden tek başımaydım. Bir kez daha sıkıcı bir Cumartesi günüydü ve sonra orada 30 kilometre ötede yaşayan iki kız olduğu fikrine kapıldım, onları Aşağı Avusturya'da erkek kardeşim ve annemle geçirdiğim çocukluk günlerimden beri tanıyordum. Ben de arabama bindim ve 800 kişilik bu kasabaya sürdüm. Sadece iki kız değil, 3 tane de buldum. Yaşlı kadının arkadaşı ziyarete geliyordu. Kısa bir süre sonra dans etmeye gidebiliriz diye öneride bulundum. Arkadaşı yorgun olduğunu ve kocasının evine gitmesi gerektiğini söyledi. Böylece ikisi elimde kaldı ve bir süre makyaj ve şekillendirmeden sonra zamanı gelmişti. Arabamı komşu ilçeye yaklaşık 60 kilometre sürdük, bu konuda bölgede çok az şey vardı. Şimdi diskoda iki kızla oturuyordum, biri beş yaş daha genç ve ille de güzel değil, diğeri bir yaş büyük ve oldukça "giyinmiş". Şimdi biriyle dans etmek ve sonra diğeriyle dans etmek arasında gidip gelmekten başka seçeneğim yoktu ve bu benim için çok yetenekli bir dansçıyken. Akşamın ilerleyen saatlerinde, 13 Kasım'da, gece yarısını çoktan geçmişti, masada otururken, bir dizimin sürekli bana çarptığını fark ettim ve sonra kaldı. Sanırım sonraki danslar eskilerin yaklaşımını tamamladı ve olması gerektiği gibi geldi. Harikaydı. Bu daha sonra iyi bir 20 yıl sürdü.

<u>Güz 1995</u>

Rakibim gazete ve dergi satışı konusunda giderek daha agresif hale geldiğinden ve kolportörlerine daha yüksek indirimlere başvurduğundan, ben de tepki göstermek zorunda kaldım. Neyse ki o zamanlar yaşayabildiğim birkaç Avusturyalı yayıncı vardı, çünkü en azından o noktada söz konusu toptancılarla yapılacak bir şey yoktu. Bu, mallarımı ancak saklanarak satabildiğim gerçeğiyle ifade edildi, çünkü müşterilerime her geldiğimde- ki yıllardır öyleydiler- her zaman Robin şirketine atanabilecek bir Arap vardı, alıcım ve böylece satışımı engelledi. Bu yüzden dergilerimi dolambaçlı bir şekilde satışa çıkarmak zorunda kaldım, çünkü mallarımın alıcısı benden satın aldıkları görülürse finansal dezavantajlara maruz kalacaktı. Ancak bu denetim organlarının zekâsı mutlaka en yüksek seviyede olmadığı için, zorluklarla bile malımı yetiştirmeye devam ettim. O zaman satışları (toplam 600.000 Schilling bilançosu) ve dergi sayısını muazzam bir şekilde artırabildim, böylece ana tedarikçim babamın işyerini devraldığım 20. bölgede büyük bir kamyonda bana geldi. Genellikle 10.000 dergi ile 2 palet mal vardı. O zaman o kadar tırmanmıştım ki, muhtemelen rekabet nedeniyle, hafta Pazartesi'den Pazar'a kadar sürdü. Ortağım Britta, 1988'den beri haklı olarak bundan şikâyet ediyordu ve ben bunu değiştirmek zorunda kaldım ve bu yüzden en azından hafta sonu izin aldım. Ama biraz kalın kafalı olduğum için ve yapmaya karar verdiğim şeyi yapacağım. Böylece olması gerektiği gibi oldu. Şubat 1998'de tesadüfen iki ana tedarikçiden birinin Robin şirketine teslimat yapmayı bıraktığını gördüm. Birkaç gün sonra Robin'in şirketinin iflas ettiğini resmi olarak kanıtlayabildim. İflas toplamı 35 milyon ATS idi. Bu miktar kesinlikle Bay Robin ve çalışanlarının kolportörlerden aldıkları mevduatın sadece küçük bir kısmını içeriyordu. 100 ila 200 kolportöründen yaklaşık 15 milyon şilin çaldığı söylendi. Ayrıca, iflastan sonra bu adamın, muhtemelen alıkonulan mevduatlar nedeniyle, korumalarıyla sokağa çıkmaya cesaret ettiğini de öğrendim. İflas nedeniyle birdenbire bana 33.1 brüt daha yüksek indirim vermeye hazırdılar. Evet, ama o zamana kadar zaten çok geçti.

<u>Temmuz 1998 tatili</u>

Tatile gitmeyi hiçbir zaman sevmediğim halde, Girit'te 2 haftalık bir tatil geçirdim ve bugüne kadar muhtemelen hayatımın en güzeliydi. Hafızamda kalan bazı deneyimler de oldu: Biz, ortağım Britta ve ben bir motosiklet ödünç almıştık. Aptalca olan tek şey, yarı otomatik olmasıydı. Başka bir deyişle, ikimiz de bu aracın üzerinde oturuyorduk ve görünüşe göre debriyajın çok hızlı gelmesine izin verdim ve bu yüzden ortağım yerde oturuyordu. Evet, ilk engelin yarısında. Ev sahibi bize sadece 50 kilometre içinde sürmemize izin verildiğini söyledi. Bunu duyduk ve yolculuğumuza başladık. Ama bu adanın dezavantajı bizimkinin aksine her dağı tırmanıp tekrar inmeniz gerektiği için biz de öyle yaptık ve 50 kilometre unutuldu. Dağın tepesinde bir mola verdik ve çimlere oturduk. Sonra Britta aniden yakındaki koruda turuncu bir şey gördüğünü söyledi. Aniden çitin altına tırmandık ve hasat sırasında görünüşe göre gözden kaçan bir portakal bulduk. Tabii ki onları hemen seçtik.

Kabuğu soyduğumuzda burnumuza inanılmaz güçlü bir koku geldi ve hepsinden önemlisi bu meyvenin keyfi tarif edilemezdi. Sonra yola devam ettik çünkü gerçekten komşu dağa bir manastıra gitmek istiyorduk. Şimdi öğlen olmuştu ve güneş oldukça sert batıyordu. Yol asfalt değildi, çakıllı bir yoldu. Yine de yolculuğumuza devam ettik. Aniden mopedin artık istediğim gibi tepki vermediğini fark ettim. "Dairemiz" vardı. Uzak ve geniş bir şey yoktu. Bu yüzden aracı son derece sıcakta, güvenli bir şekilde 5 kilometre uzaklıktaki bir sonraki benzin istasyonuna itmek zorunda kaldık. Ev sahibine başımıza gelenlerle ilgili hiçbir şey söylememiştik ama bu ikimiz için de bir deneyimdi. Birkaç gün sonra kaldığımız otelde cip safarisi yapılıyordu. Hatırlayabildiğim kadarıyla en az 10 cip yemekle doluydu ve adayı kuzeyden güneye, doğudan batıya, Elafonisi'ye (Girit Maldivleri) gelene kadar sürdük. Evet, etten salataya yeteri kadar yiyeceğimiz vardı ama eksik olan çatal bıçak takımıydı. Bunun üzerine kadınlar denize gittiler, ellerini yıkadılar ve salataları elleriyle hazırladılar. Her durumda, tadı güzeldi. Bir yıl sonra, yine temmuz ayında Lanzarote'ye tatile gittik. Orayı pek beğenmedik, bütün alan bize çok steril göründüğü için denize de giremedik, su çok soğuktu (Atlantik Okyanusu). Ve 2000 yılının temmuz ayından bir yıl sonra, birkaç gün boyunca Steiermark'ta bir misafirhanede kaldık, oradan biraz yürüyüşe çıktık. O zamandan beri, uçağa binmekten daha yorucu olan otobüsle birkaç gün içinde 2017'de İtalya'ya gitmek dışında neredeyse hiç tatil yapmadım.

Ağustos 2000

Temmuz 2000'de Avusturya tatilimizden (3 günlük- Avusturya gezisi) döndüğümüzde Britta karın ağrısı olduğunu ve bu konuda jinekologla randevusu olduğunu söyledi. Bu randevudan sonra hemen beni aradı: Tabii ki endişelendim ve ne güzel bir şey dedi. Bu ne olmalıydı? Baba olacağım dedi. Şaşırdım ama ikimiz de bu çocuk için orada olacağımızı doğal karşıladık. Kürtaj konusu hiç gündeme getirilmedi ve en azından ben öğrendiğimde iyiydi. Son tarih Mart 2001'in başında belirlendi. 24 Şubat 2001 Cumartesi günü Britta sabah beni uyandırdı ve zamanın geldiğini söyledi. İşim gereği, yıllardır sürmekte olan bir minibüsüm vardı. Ayrıca önceki gün biraz kar yağdı. Bu yüzden arabada ısıtıcı olmadan hastaneye yaklaşık 50 kilometre gittik çünkü işe yaramadı.

Hastaneye geldiklerinde bunun biraz zaman alacağını anladılar. Bu yüzden komplekste karda yürüyüşe çıktık. Akşam, gelip gelmediğini, günün hangi saatinde olursa olsun, bilgilendirilmem talebiyle ondan ayrıldım. Telefon gelmedi, bu yüzden sabah 8'de Mardi Gras'ta hastaneye gittim. Odasının kapısını açtığımda beni şu sözle karşıladı: Sürpriz! Bir an sonra kapı tekrar açıldı ve bir hemşire oğlumu bana getirdi. Sonsuza dek hatırlayacağım şey, onu ilk kez ellerimde tuttuğum andı. Tarif edilemez.

Oğlum 10 aylıkken

1990- 1991 daire

O zamana kadar 18 yaşımdayken sahip olduğum küçük dairede yaşıyordum. Ancak mülk yönetimi ve apartmanın sahibi evin genel olarak yenilenmesini istediğinden, bir kat aşağı biraz daha büyük bir daireye taşınmak zorunda kaldım. İş bittikten sonra 70 m2'lik daireye tekrar taşınabileceğim vaadi ile dairem komşu daire ile birleştirildi. Bu da gözlemlendi ve 1991 yılında bu daireye taşındım. Ama bağımlılığım yıllar içinde daha da arttığı için o zamanlar farkında değildim, kira ödemelerinde geri kaldım. Böylece, olması gerektiği gibi, bir tahliye davası ortaya çıktı. Britta ve ben bir daire arıyorduk. Aradığını bir gazete ilanında buldu. 2. bölgede 10.000 şilin kirası olan iki katlı bir daire. Bunu karşılayamayacağımı belirttim, ancak mutlaka kabul edilmedi. Bu nedenle 20. mahalledeki daireyi tahliye bildirimi olmadan iade ettim ve 2. mahalleye taşındım. Ancak oyun tutkum artmadığı, aksine kötüleştiği için kısa sürede 20. bölge ile aynı sonuçla karşı karşıya kaldım. Ben de 20. bölgede karşılayabileceğim bir Garcinerre aradım.

1980 – bağımlılık

Her şey küçük başladı, bir makineye birkaç şilin attı ve belki bir kez bir şey kazandı, ama onu doğrudan bu kovaya geri attı, çünkü büyük kar geliyor. Kumar bağımlısı olduğumu anlamam yaklaşık 15 yılımı aldı. Partnerim Britta terapiye gitmem için beni cesaretlendirdi ama ben de buna bağımlı olduğumu kabul etmem gerekti. Bu yüzden Adsız Kumarbazlardan yardım istedim. Haftada bir grup terapileri ve düzenleme ile bireysel terapiler vardı. Bireysel terapi bende sinir krizi geçirdi çünkü daha önce hiç böyle bir şey yaşamamıştım, özellikle de terapist çok derine indiği için. Grup terapisi başarılı değildi çünkü seanstan sonra arabaya bindim ve tekrar bir atari salonuna gittim. Bu yüzden bu terapide bir anlam görmedim. Görünüşe göre bu konuda daha fazlasını yapmam gerekiyordu. Britta bana bu terapideki ilerlemeyi veya oynamayı bırakıp bırakmadığımı sordu. Buna "evet" ile cevap veriyorum, oynamayı bırakacaktım. Bildiğim kadarıyla, 20 yıllık birlikteliğimde ona yalan söylediğim tek zaman buydu. Ama aynı zamanda hassas sorulardan, özellikle de finansal nitelikte olanlardan ustaca kaçınma alışkanlığım da vardı. O zaman hiçbir çıkış yolu göremiyordum ve intihar düşünceleri gittikçe yaklaşıyordu.

Haziran 2001 iflası

15 Şubat 2001'de, oğlumun doğumundan on gün önce bir iflas görüşmesi yaptım. Bu, kendi inisiyatifimi veya ticari anlayışımı sunarak önce geldi. Bunu hakimle görüştüm ve alacaklılara sunabileceğimiz yaklaşık %13,84'lük bir tazminat oranı elde edebildik. Viyana Ticaret Mahkemesi'ndeki bu duruşmada, yaklaşık 20 alacaklıdan iki alacaklı temsilcisi hazır bulundu. Teklif edilen kontenjan hem kredi koruma derneği avukatları hem de AKV tarafından kabul edilmedi. 2001 yılı haziran ayının ortalarında, 20. bölgedeki belediye yetkilileri, yaklaşık 9 yıldır sahip olduğum iki ticaret ruhsatını iade etmemi istedi. Bunun nedeni zaman içinde epeyce borç biriktirmiş olmamdı. Bunu yaptım ve işsiz olarak kayıt oldum. O sırada emekli olan babam, yeniden dergi toptancılığı için ticaret ruhsatı aldı. Ve böylece işler devam etti, ama bu beni oynamaktan ve her şeyden önce bu konuda bir şeyler yapmaktan alıkoymadı.

2000 sulh hâkimi / finans

Bin yılın başında, müşterilerim bana gelip gelirlerinin teyidini istediler. Başka bir deyişle, ilgili ofisler, oturma iznini uzatırken veya yeniden sunarken ilgili bir gelir belgesi talep eder. Avusturya'da yaşayan bir kişinin asgari gelirinin 700 € olması resmi olarak bekleniyordu. Sabit bir indirim ve perakende fiyatı olduğu için belirlemek benim için kolaydı. Bu yüzden, miktar yeterliyse bunları size yazdım ve sulh hakiminden ilgili belgenizi aldınız. En azından 2006'ya kadar bu belgeyi yayınlamak için hiçbir gün para almadım. Benim için bu insanlar aynı zamanda bağımsız tüccarlardı ve ayrıca yazdığım tutarı değerlendirme kanalına aktarmak zorunda kaldılar. Bunu gerçekten uygulayıp uygulamadıkları benim bilgimin ötesinde. Ama bunu da teşhirdeki kağıtlarda tanımladım.

Mart 2006 babamın ölümü

25 Şubat 2006'da ailem Britta, oğlum Gregor ve ben Aşağı Avusturya'ya geldiler. Eşim onu oğlumun 5. doğum günü için davet etti. 1992'de emekli olduktan sonra babam yaklaşık on kilo aldı. Şişman değildi ama yemeğin tadını sonuna kadar çıkardı. Tabii oğlum bunu 5 yaşındayken öğrenmişti, bu

yüzden babamı atıştırmalıkta hamur işleri ile bombaladı. Büyükbaba pastayı al, senin de kemirmeyi sevdiğini biliyorum. Çeyrek saat sonra bir çörekle geldi ve büyükbaba onu alıp yedi. Ertesi sabah saat 7 civarında dükkânda babam her zamanki gibi oradaydı. Arabaya bindik ve bir müşterinin yanına gittik. Yolda bana o gece çok kötü uyuduğunu söyledi. Ayrıca her yarım saatte bir göğüs ağrısı ile tuvalete gitmek için kalktı. Bir saat sonra tekrar işimize döndüğümüzde acilen aynı sokaktaki doktorumuza gidip bakmasını rica ettim. Evet, 26 Şubat 2006'da kıştı ve babam büyük bir isteksizlikle sadece kazağıyla doktora gitti. Bir saat sonra telefonum çaldı ve sıra ona geldi. Sokağın aşağısındaki dahiliyeye bir ceket getirmeliydim çünkü aile doktoru onu kalp krizi şüphesiyle hemen dahiliyeye gönderirdi. Bu doktor, teşhis için oraya götürülmesine izin vermedi ve onları hastaneye götürmek için hemen ambulansı aradı. Hastaneye gelen iki doktorun şüphelendiği şüphesi doğrulandı. Orada 11 gün boyunca kontrol edildi ve 10 Mart Cuma günü serbest bırakıldı. 13 Mart sabahı, her zaman olduğu gibi, dükkâna saat 7 civarında geldim ve babam çoktan oradaydı. Sabah ilk işim kahve koymak olduğu için o gün onu da yaptım. Bu sırada babamın koridordaki tuvalete gittiğini fark ettim. Her zamanki gibi aynı evin birinci katına annem için bir kahve hazırladım ve merdiven boşluğundaki dükkânın arka tarafına gittim. Koridor tuvaletimizin (opak cam) ışığının yandığını fark ettim ve onun sadece babam olabileceğini biliyordum ama onu son gördüğümde 10- 15 dakika geçmişti. Daha sonra ailemin dairesine gittim ve bir süre onunla konuştum. Tekrar tuvaletin yanından geçtiğimde ışık hala yanıyordu ve dükkâna girdim ama kimse yoktu. Bu yüzden tekrar tuvalete gittim ve pencereye vurdum ama tepki yoktu. Bu arada yan apartmanda oturan komşu evinden çıkmıştı. Ama tuvalette tepki gelmediği için dirseğimle kapı camını kırmaktan başka çarem yoktu. Bunun üzerine onu zaten duvara yaslanmış ve burnu kan içinde otururken gördü. Komşu hemen ambulansı aradı ve ayrıca giyebilmem için koridor zemini için kıyafetler getirdi. Kurtarma oldukça hızlıydı ve onu bir defibratörle geri getirmeye çalıştılar, ama boşuna. Ambulans, sağlık görevlisine ölümü belirlemesi gerektiğini bildirdi. Bu arada polis de geldi, burada bir adam, sağlık görevlisi gelene kadar ölü adamın yanında durdu. Bu yaklaşık 3 saat sonra geldi. Sorularından ilki, elbette cevaplayabileceğim herhangi bir yeni bulgu olup olmadığıydı. Bunu gözden geçirdiğinde şöyle dedi: Kokteylle bu şaşırtıcı bir şey değildi ve pazartesi günü Viyana'da ölmek elverişsizdi, çünkü trafik sıkışıklığımız var. Yas tutmamış olsaydım, bu tür ifadeler üzerinde kendimi kontrol edemezdim. Ama yine de beni etkileyen şey, dairesinde olan anneme söylemek zorunda olmamdı. Ve bir sonraki sorun, yaklaşık 20 yıldır irtibatı olmayan ağabeyime babamızın öldüğünü bildirmekti. Hak sahibi olduğu miras konusunda ailesiyle arası bozuldu. Ama hiçbir kötü söz söylemeden bir saat içinde oradaydı. 24 Mart 2006'da Viyana Merkez Mezarlığı'na defnedildik. Sonra tabut indirildiğinde belirleyici bir olay yaşadım. Sorunlar hakkında konuşamamak ve sürekli onlardan kaçmak da dahil olmak üzere babamdan çok şey miras aldım, artık çok geçti.

Mart 2006 gasp

14 Mart'ta babamın iki ticaret ruhsatını 20. bölgedeki sorumlu sulh hakimine iade ettim. Bu konudaki yönetimi zaten biliyordum. 20 Mart'ta telefonum çaldı ve numara saklandı. Karşı tarafta bir adam vardı, konuşma sırasında birkaç kez sormama rağmen bana

bir isim söylemedi. Binyılın başından beri yazdığım onayları yazmaya devam etmem gerektiğini söyledi. Bunu neden yapmam gerektiğini sorduğumda, oğlumun büyüdüğü yerin koşullarından bahsetti, ancak orada olsaydın bilebilirsin. Örneğin bugün anaokuluna gittiğinde vb. Bu tabii ki beni sinirlendirdi ve onu tehdit ettim. Cevabı sadece bir önceki aramadan sonra bana bir yabancı göndereceği ve benim bir onay vermem gerektiğiydi. Bir ay için 10 € ve birkaç ay için 15 € talep etmem gerekecekti, bu insanlar daha sonra ödeyecekti. Başlangıçta, elbette, artık yazamayacağımı savunarak, ticarete hakkım olmadığı için reddettim, ancak zamanla oğlumla, ne yaptığıyla ilgili bilgiler giderek daha gerçek hale geldi ve varsaymak zorunda kaldım. Gregor'un yanında kaldığı bir yıl sonra kanıtlandı. Yaklaşık 800 nüfuslu ve 34 kilometrekarelik bir alana sahip olan köyde, özellikle okul, anaokulu gibi kamu binalarının önünde araba kullanırken yabancılar doğal olarak dikkat çekiyor. Şimdi, eğer kabul edilirse, polise gitme ve bir rapor yazma seçeneğim vardı ve oğlum için bir iki haftalığına koruma verilecek ve sonra adam bir şey düşünebiliyor mu diye titremem gerekiyor. Diğer seçenek ise, sonuçları ne olursa olsun yapmak için kendimi okuduğum şekilde, kendi yöntemimle yapmaktı. Bu yüzden haftada birkaç kez gizli numaralarla aramalar geldi ve sadece kısmen tanıdığım yabancılar ödeme karşılığında onaylarını aldılar. İnsanlara nereden bağlantı kurduklarını sorduğumda hiçbir bilgi alamadım. Bu yüzden bu insanları takip etmeye karar verdim, ama en azından başlangıçta bu umutsuzdu. Bu arada, 2007 sonbaharıydı, oğlum ilkokula gitti. Köyde, okulda veya anaokulunda defalarca görüldüğü için sübyancı olduğu sanılan bir adam çeşitli yerlerde gözlendi. Ama bu bir hataydı, her şey benim içindi. Okuldan sonra bir cuma günü, her okul günü gibi oğlum okul servisiyle eve gitti. Çıkış noktasından yerleşim yerine giden yaklaşık 500 metrelik yol tam olarak görünmediği için ara sokaktan bir araba aniden geldi oğlumun yanında durdu ve yolcu kapısı açıldı. Bir adam onunla konuştu ve ona şeker vermek istedi. Oğlum bir kere tepki verdi ve hemen eşimin kendisini beklediği eve doğru koştu. Aracı görmüş ve polisi de aramış, ancak onlar gelene kadar sürücü çıkmaz sokağa rağmen dağları aşmıştı. Aynı gün, cuma akşamı oğlum bunu bana söylediğinde, partnerimle bu konuyu konuştum ve ona bunun bir sübyancı olmadığını, benim için geçerli olacağını söyledim ama o sübyancı versiyonuna bağlı kaldı.

13 Aralık 2006

Bir Cuma'ydı ve yine 13'üydü.Biri evin avlusuna, diğeri sokağa olmak üzere iki çıkışı olan dükkânda oturuyordum. Uzun zamandır olduğu gibi programlarıma yazdım ve buna göre daldım. Aniden avlu kapısı çalındı, diğer kapıyı kilitlemiştim. Öğlen civarıydı ve bunun bir ev partisi olduğunu varsayıyordu. Kapıyı açtığımda yaklaşık 190 cm boyunda bakımlı bir adam vardı. Adını ve kimliğini Viyana Vergi Dairesi'nin "Resmi Müdürü" olarak tanımladı. Şimdi elinde bir A4 kâğıt parçası, elinde şirket kaşemin ve imzamın bulunduğu bir onay tuttuğunu söyledi. Ayrıca her iki tarafa da basıldığını iddia etti. Ayrıca içeri girip giremeyeceğini sordu, reddetmedim. Ama sonra iddialarını derhal reddetmek zorunda kaldım. Bir yandan iki yüzü de basılmış kağıtları elimden hiç vermemiştim, öte yandan yazdığım programa dahil olan bu tür mektuplara da damga basmamıştım. Onlar için kendim. Bu iddianın dayandığı mektuba hiç sahip olmadım. Şimdi, reddetmediğim stand PC'me bakıp bakamayacağını söyledi. Ayrıca arkamdaki rafta duran ve suçluluk duymadığım için reddetmediğim banka hesap özetlerime de bakmak ve fotoğraflarını çekmek istedi. Şimdi dakikalarını almaya başladı. Bu tür gelir teyidlerinin nasıl, ne zaman ve neden geldiğini sorduğunda, bunun karşılığında ne alırdım sorusuyla ziyareti sonlandırdı ve sadece parayı değil, aynı zamanda doğal malları da kastetmişti. Şimdi ona ne cevap vermeliyim, çünkü bu arada onun başarı duygusuna ihtiyacı olduğunu anladım ve öte yandan bu noktada hala şantajcım vardı ve bu da beni biraz baskı altına aldı. Ben de onun sorusuna şu cevapla cevap verdim: Karşılığında hiçbir şey almadım. Tepkisi buna inanmadığı oldu. Ertesi yıl, önceden haber vermeksizin iki kez daha dükkânıma geldi ve aramaya devam etti. Geçen sefer, stand PC'yi yanında vergi dairesine götürüp götüremeyeceğini sordu, bir süre sonra düşünmek için olumlu cevap verdim. Bilgisayar için mutlaka faydalı olmayacağı gerçeğini düşünmenin zamanı geldi, ama elbette saklayacak hiçbir şeyim yoktu. İki gün içinde tekrar çalışır hale getirdim ama bana yasa dışı bir şey bulunup bulunmadığını söylemedi. Buraya kadar iyi ya da değil. 2007 sonbaharında 22. bölgedeki vergi dairesine bir "davetiye" vardı. Orada bana mali

Almanca 'da dendiği gibi vergi denetiminin sonuçlarını sundu. Gelir tablosunun düzenlenmesi için ne yapacağımı ona söylemezsem bana minnettar kalacağını zaten belirtmişti ve bu isim üzerinde anlaştık. Tahmini, 1998'den başlayarak 2008'e kadar her onay için 100 € alacağımı düşündüğü yönündeydi. Yani bu, 40.000 €'lük bir gelir ve eksi %50 "barınma" giderleri anlamına geliyor. Dolayısıyla, onun gözünde, bu çalışmayla her yıl 20.000 € kazandım ve bu da mütevazi gelir vergisine de yansıdı. Bir anda, vergi dairesinden ve sağlık sigortası şirketinden 6 haneli bir tutarda iki talep aldım, buna karşı vergi dairelerinin üst düzey organı olarak o zamanki maliye senatosuna başvurarak hemen yanıt verdim, bugün, bildiğim kadarıyla, mali savcının ofisi. O zamanlar 9 yıl olan tüm randevular, bireysel ofisler tarafından reddedildi veya reddedildi. Devlet ya da yetkilileri çoğunlukla haklı, vatandaş ise pek haklı değil. Ancak o zaman beklemediğim şey, bu resmi müdürün bunu sadece mali bir suç olarak değil, aynı zamanda yasanın ihlali olarak görmesiydi. 2008 yılında incelemesini tamamladıktan sonra, hiçbir zaman kanıt sağlayamadığı verileri hukuka aykırılık kontrolü amacıyla Viyana Cumhuriyet Savcılığı'na iletmiştir.

2008'deki atamalarıma ek olarak, 2006'dan 2008'e kadar, şantajcımı nihayet yakaladığımda, bu 3 yıl için gelir beyannamelerinin hazırlanmasından elde edilen toplam 2.500 € tutarında gelir vergisi beyannamesi hazırladım. Bugüne kadar dikkate alınmamıştır. 1998'den 2005'e kadar bu durumdan dolayı hiç alım yapmadım. Bu savcılık, 2009 ve 2011 yılları arasında yaklaşık 100 mahkeme celbine tanık olarak çıkmamın "istendiği" ilgili bölge mahkemeleri şeklinde de tepki gösterdi. Oradaki süreç hep aynıydı. İlgili mahkeme tarafından sorgularımın temel tenoru her zaman aynıydı. Bana bu makaleyi yayınlayıp yayınlamadığım ve elbette neden olduğu soruldu. Karşımda her zaman bir yabancı oturuyordu ve diğer şeylerin yanı sıra, Belediye Dairesi 35 tarafından böyle bir teyidle oturma izni almakla veya almakla suçlandı. Bu işlemin dayandığı kâğıt bana sunuldu ve onu yayınlayıp yayınlamadığımı belirlemek zorunda kaldım. Bunların %90'ı benim belgelerimdi, ancak CEO'nun iddia ettiği gibi sahtecilikler de vardı. En azından görünüşe göre tanıdığım sanık yabancılar, gerçekten suçlu bulunurlarsa, şartlı olarak 2 aydan üç yıla kadar, daha fazla değil. Daha önce de belirttiğim gibi, Mayıs 2008'de, benden bir onay aldıktan sonra, sözde bir kolportörü bir kez daha takip ederek şantajcıyı nihayet yakaladım. "Güçlü" argümanlarla bu adama numaramı derhal silmesini ve beni bir daha asla aramamasını rica ettim. Pek umudum yoktu ama her ne sebeple olursa olsun buna devam etti ve onu bir daha ne gördüm ne de ondan haber aldım, ayrıca cep telefonu numaramı da değiştirmişti. İçinden ne çıkıp çıkmadığını bir türlü öğrenememiştim. 2010 baharında aniden Viyana Cumhuriyet Savcısı- Viyana Ceza Mahkemesi'nden taahhütlü bir mektup aldım. Belgede sorgulanmak üzere savcılığa şüpheli olarak çıkmam istendi. Bunu takip ettim ve savcının karşısına oturdum. Kanuna uygun olmayan gelir beyanları vermekle suçlandım. Bu orta yaşlı adamın önünde birkaç dosya olduğu için, onları karıştırdı ve bana orada okuduğu ismi bilip bilmediğini ve her şeyden önce bu tür yazıların nasıl ortaya çıktığını sordu. Daha sonra sorularını onayladım, ancak onun da gördüğü yaklaşık %10 sahtekarlığı tekrar tanıyabileceğim onayları göstermesini istedim. Hatırlayabildiğim kadarıyla, bu yıl onunla ikinci kez birlikteydi. Bütün olay sadece bir sanığın savcı tarafından sorgulanmasından ibaretti. 2011 baharında başka bir taahhütlü mektup aldım, ancak bu sefer davalı olarak gitmem gereken Viyana Ceza Mahkemesi'nden. Orada bir yargıçla, şimdiye kadar tanıdığım savcıyla ve kendisiyle ilk görüşmemde yargılama için 6000 sayfalık mahkeme belgelerini okuması gerektiğinden şikâyet eden avukatımla tanıştım. Şimdi sıra bu müzakereye geldi, doğal olarak tüm taraflar sorular sordu. Gazetelerin bu sayısı için para alıp almadığım konusu, savcının sorgusunda olduğu gibi ikinci planda kaldı. Verdiğim cevaplar ve argümanlar ile mümkün olduğu kadar hâkimi ikna edebildim. Avukatım daha isteksizdi, sadece iddianamemle çok az ilgisi olan bir emsal kazıyordu. Savcı biraz daha ısrarcı davrandı ve oldukça hareketli sorular sordu. Bu yargılama sonucunda hâkim kararı açıkladı, 24 ay hapis, hapis yok demek. Karar açıklandıktan sonra, bu konudaki kararımı bana bildirdi; Kararı derhal kabul etmek, 3 gün içinde değerlendirmek veya derhal itiraz etmek. Bunu gerçekten beklemiyordum çünkü mahkemeden özgür ve masum biri olarak ayrılabileceğimi varsaydım. Ben de savunma avukatıma baktım ve düşünmesi için 3 gün boyunca ona 3 parmak gösterdim. Ancak savcı tereddütümü görünce itiraz edeceğini ya da yasal işlem başlatacağını söyledi. Şubat 2012'de Viyana Yüksek Bölge

Mahkemesi'ndeki ikinci duruşmada kararın benim lehime olacağını varsaydım. Bu yüzden belirtilen saatte mahkeme salonuna girdim ve bir yargıçlar senatosu buldum. Bilgilerim kontrol edildiğinde yargıçlardan biri benimle konuştu: Viyana Ceza Mahkemesi'nin kararı 16 ay şartlı, 8 ay şartsız olarak değiştirilecek. Buna tepkim: Bu olamaz! Hâkim dedi ki: Kararı anlamadıysanız 8 ay tutuklu kalacaksınız. Benim için bir dünya yıkıldı. Bir yandan bu belgeleri iyi niyetle şantaj yapılana kadar yayınlamıştım, diğer yandan pantolonu kötü giden oğlumu korumak istiyordum. Neredeyse hiçbir zaman finansal avantajım olmadı ve bunun için cezalandırıldım. Elbette avukatıma bu konuda başka neler yapılabileceğini sordum ama bu karara itiraz olmadığını, sadece dilekçe olduğunu fark etmem gerekti. Ancak, Yüksek Bölge Mahkemesi'nin bu kararındaki bir şeyin böyle bir dilekçe sonucunda değişeceğine dair bana hemen hiçbir umut vermedi. Ama yapmasını ben istedim. Ama aynı zamanda başarısız oldu. Bunun üzerine mahkemeden, 8 aylık hapis cezama başlamak için en geç 10 Nisan 2012'ye kadar Simmering cezaevinde olmam gereken bir mektup aldım.

2006'dan 2011'e her şey bakım hakkında

Babam Mart 2006'da öldüğünde, daha önce de belirtildiği gibi, 20. bölgedeki Garcinerre'mden bir kez daha tahliye ile karşı karşıya kaldım. Şimdi, kocasının ölümünden sonra, annem tamamen kendi başına kaldı ve yaklaşık 53 yıllık evlilikten sonra, başımın üzerindeki çatı kaldırıldı, yani 75 metrekarelik bir daireye taşınmaktan başka bir şey kalmadı. Ona karşılıklı denetim vermek benim görevimdi, çünkü ölümden sonra oldukça bunalıma girdi. O zaman kararımın doğru olup olmadığını söyleyemedim ve o zaten 2 vuruş geride kalmıştı. Kocası vefat ettiğinde 80 kilo civarındaydı, şişman değildi ama tıknazdı. Bir apartman dairesinde geçirdiği ilk yıl oldukça iyiydi, alışverişe, doktora ve muayenelere gittik. Bu noktada, önceki hastalıkları nedeniyle günde yaklaşık 10 tablet alması gerekiyordu. Bunların arasında, reçeteyi almak için her seferinde aile hekimi yerine bir nöroloğa gitmem gereken psikotrop bir ilaç vardı. Sanırım, giderek depresyona girdiği için reçete edilmişti. Aynı evde, sadece bir avlu ile ayrılmış olarak iş yaptığım da söylenebilir. Ben zemin kattaydım ve o birinci kattaki dairedeydi. İkinci yılda durumu hızla bozulmaya başladı, giderek daha az yedi ve dışarı çıkmak istemedi. İkimizin bakkaldan yaklaşık 300 metre alışveriş yaptığımız bir bölümü hatırlıyorum ve satın alma için ödeme yaptıktan sonra daha fazla gidemedi. Ben de onu dükkâna oturttum, dükkâna 300 metre koştum ve yıllardır elimde olan kızağımı alıp dükkâna sürdüm, büyük bir isteksizlikle kızağıma bindirdim ve eve sürdüm. Nasıl göründüğü umurumda değildi. Sen zorunlu değilsin. Her şey, pazartesiden cumaya onun evinde geçirdiğim ve cuma akşamı ailemi Gregor ve Britta'yı Aşağı Avusturya'ya görmeye gittiğim gibi görünüyordu. Ama hafta sonu yalnız olmaması gerektiğinden, kardeşim cumartesi günü iki üç saatliğine geldi ve bu neredeyse her seferinde bir komediye dönüştü. Bir keresinde ilacı bulamadığı için beni aradı, başka bir zaman önemsiz bir şey yüzünden. Yani bana bu konuda da pek yardımcı olmadı. Ancak buna artan depresyon, paranoya ve bunama da eklenince kişinin bakımı giderek zorlaştı, yani 24 saat bakım tam olarak kullanıldı. Gündüz vakti, artık zaman kavramı olmadığı için uyudu ve gece yan odada uyumak istediğimde daireye musallat oldu. Gece yarısı ya da daha sonra onu oturma odasından alıp tekrar yatağına yatırmak zorunda bile değildi. Ayrıca, artık sahip olduğu ev eşyalarına dair bir genel bakışa sahip değildi. Sabah saat 11'de balkonda durdu ve ayakta durduğu için adımı yüksek sesle seslendi Peter, en az iki tüp diş macununa ihtiyacı vardı. Sonra avluya geldim, balkonda çılgınca el kol hareketleri yaptığını gördüm ve kutuya bakması gerektiğini, bildiğim kadarıyla orada en az 10 tüp diş macunu olduğunu söyledim. Tek söylediği, neye ihtiyacı olduğunu bileceğiydi, benim değil. Bu yüzden ona hemen ve hemen 11 ve 12 tüpleri almam gerekiyordu. Bunu hiç yapmadım, alışverişe gittim. Nefes almak zorunda kaldığım tek zaman, bir hastaneden diğerine geldiği zamanlardı, bu yüzden onu sadece bir saat kadar ziyaret etmem gerekti, çünkü orada başka bir şey yoktu. Hiçbir bakış açısı görmediği için onunla konuşmak benim için giderek daha zor hale geldi. Tek tek hastanelerde, sanırım Viyana'daki neredeyse tüm hastaneleri "ziyaret etti", ancak onları en fazla 10 gün tuttular, çünkü fiziksel olarak hiçbir şey bulamadılar ve psişe söz konusu olduğunda kimse yardım edemezdi. Ona. Şimdi, dediğim gibi, yaklaşık 20 yıldır görüşmediğim sevgili kardeşim, annesini etkisiz hale getirmek gibi muhteşem bir fikir geldi. Bunun için sorumlu bölge mahkemesine giderek başvuruda bulundu. Bu konudaki fikrim, zaten delirme yolunda olsa bile, kesinlikle hala aklı başında olduğuydu. Bir akşam, önceden haber verildikten sonra bölge mahkemesinden bir avukat dairemize geldi. Annem ve biz iki oğlumuz vardı. Başta sorularını doğru cevaplayan anneme yöneltti ama daha sonra başvuruyu yapan kardeşim bu avukattan oldukça sağlam bir talimat aldı. Kadının aklının tamamen yerinde olduğunu ve başvuruyu neden yaptığını, tabii ki cevap veremediğini söyledi. Bu nedenle bu talep reddedilmiştir. Bu noktaya kadar, erkek kardeşimle olan ilişkim hala makul derecede iyi huylu ve gerçekçiydi. Ondan sonra, annemizin yanında fiziksel saldırılar da dahil olmak üzere daha da kötüleşti. Eylül 2010'da gün içinde tekrar dairenin içinde dolaştı ve oturma odasına düştü. Tam o sırada dışarıdaydım. O zamanlar yaklaşık 4 yıl boyunca günde üç kez evde yardım gördü, çünkü her zaman orada değildim ve sonuç dairenin girişinde bir anahtar kasasıydı, çünkü elbette evde yardım ve kurtarma hizmetleri de kullanıldı. Ayrıca gerektiğinde kullanabileceği acil durum butonlu bir bilekliği vardı. O gün kurtarıcı geldi ve anneme bir şey olduğunu da bildirdiler ve onlar da anahtar kasasını kullanarak içeri girdiler. Daha sonra onu hastaneye götürdüler ve daireye düştüğünde kaburgasının ciğerlerine delindiği tespit edildi. Şimdi tekrar en yakın hastaneye gitti ve bölümün başhekimi ile görüştü. Bana annemin taburcu olduktan sonra günde 24 saat bakılıp ilgilenilmeyeceğini sordu. Ama bu soruya hayır diye cevap vermek zorunda kaldım çünkü hem fiziksel hem de zihinsel olarak sadece bu yüzden değil, aynı zamanda bağımlılığım yüzünden de bitkindim. Babamın Mart 2006'da vefatından hemen sonra, erkek kardeşimin onun için bir yaşlılar evinde bir yer için başvurduğunun önceden gönderilmesi gerekirdi. Bir ay sonra onu bir evde görmek onun için daha kolay olurdu. Yaklaşık 2 yıl sonra, 20. mahalledeki ev için söz aldığımda, bu evin içini dışını biliyordum ve ne yapacağımın kararıyla bana işkence etti: eve ya da değil. Bu bağlamda, bu evin tanıdık çevrelerinden birinde olduğunu ve uzun süredir yerinde olmadığı için de çok güzel olduğunu belirtmek gerekir. Benim iddiam, bunun kendi kararı olacağı ve buna karşı ne tavsiye ne de tavsiyede bulunmayacağımdı. Ağabeyim, elbette, onu hemen yer alması için ikna etti. Birkaç hafta ve ay sonra reddetti. Şimdi söylediğim gibi hastanedeydi ve Viyana Belediyesi, 2010 yılı sonunda 22. bölgede yeni açılan bir evde aldığı bir huzurevinde yer arıyordu. Orada asansörlü 8. katta, kendisine yaklaşık 20 metrekarelik bir oda verildi. Anlayabildiğim kadarıyla, o zamanın en gençlerinden biriydi, 78 yaşındaydı. Mahkumların dedikodu yapmak veya oyun oynamak için bir araya geldikleri odaların yanında ortak bir oda vardı. Birkaç kez odasından çıkıp diğerleriyle konuşması gerektiğini söylediğimi hatırlıyorum. Ama paranoyası ya da bunaması o kadar ileriydi ki, insanların etrafında olmak istemiyordu, çünkü ona bir şeyler yapabilirlerdi, çünkü çeşitli hastanelerde beyaz önlüklü insanları gördüğünde ve kimlerin yapmak istediğini ondan duymak zorunda kaldım. Ona bir şey. Bunların yalnızca kendisine yardım etmek isteyen sağlık personeli olduğu yönündeki iddiama izin vermedi. 2 Mart 2011'de neredeyse her gün onu ziyaret etmek için evine gittim. O gün o pek müsait değildi ve ben de onunla konuşamadım. Eve giderken önsezilerim vardı. Gece boyunca, her zamanki gibi cep telefonumu kapattım. Sabah tekrar açtığımda evden bir kısa mesaj gördüm. Önsezim doğrulandı, o gece bir hemşirenin kollarında huzur içinde uyuyakaldı. Şimdi annemi babamın olduğu mezara gömdük. Şimdi 75 m2'lik bir dairede eşyalarım ve 500 €' nün biraz altındaki kiramla yalnızdım.

Mayıs 2011 Neocathomenat

Annemle olan ilişkim o zamanlar tam olarak sahip olduğum gibi değildi, ama o benim çocukluğumda bile sınırlı da olsa yanımdaydı. Bu yüzden, onunla ilgili olarak biraz ikilemdeydim. Mayıs ayının başlarında güzel bir bahar gününde, bir pazar günü eski kıyafetlerimle Tuna Kanalı boyunca yürüyordum, sonra bir banka oturdum ve cep telefonumdan yazmaya başladım. Bu noktada zaten artan katarakt nedeniyle görme yeteneğim çok kısıtlı olduğu için çok fazla göremiyordum. Birden yüzüme vuran güneş karardı. Kafamı kaldırdığımda karşımda zar zor seçebildiğim iki kişi vardı. Bir kadın kendini Anna olarak tanıttıktan sonra bana Tanrı'ya inanıp inanmadığımı sordu. İkinci hanımı da tanıştırdı ama adını hatırlamıyorum. Herhangi bir zamanda böyle bir tartışmadan kaçınabilmem için önceden gönderilmesi gerekirdi. Burada yanıtlamak istemediğim bu soru yarım saatlik bir sohbetle sonuçlandı ve sonunda bana şöyle dedi: Önümüzdeki cumartesi akşamı saat 20.00'de sizi davet edeceğim. Bu arada bir şey olursa, senin için Wolfgang'ın telefon numarasını yazarım. Neydi o? Benden 10 yaş büyük iki kadın beni davet ediyor. Ayrıca bana bir mezhep değil, Katolik Kilisesi'nin bir parçası olan Neo-Katolik'ten olduklarını söylediler. Tamam, şimdi belli bir Wolfgang'dan bir telefon numaram ve bir davetiyem vardı. Bu ne olmalı? Şimdi her akşam yatağıma uzandım ve bu daveti düşündüm. Böylece bu cumartesi geldi ve hiç olmadığı kadar param olduğunu düşündüm ve tabii ki bunun ne olduğunu merak ettim. Bu yüzden, her zamanki gibi, evden erken ayrıldım ve 20. bölgede akşam 7:30'da oraya vardım. Her şeyin yapılacağı salona girdiğimde, odanın diğer ucunda katlanır sandalyeleri yerleştiren bir adam gördüm. Beni kapıda görünce yanıma geldi, elini uzattı ve kendisinin Wolfgang olduğunu söyledi. Ancak o zaman bunun bir rahip olması gerektiğini anladım, çünkü baştan aşağı siyah giyinmişti. Daha sonra adımı sorduğunda biraz şaşırdım ve kekelemeye başladım ve dedim ki: Benim adım Eduard. Bu isim bir süre bende kaldı, ta ki onu bana Edi demeye ikna edene kadar. Ayrıca koltukları kurmasına yardım edip edemeyeceğimi sordu, tabii ki isteyerek yaptım. Şimdi neredeyse akşam 8'di ve bazı yaşlıların geleceğini umuyordum, 20 kadar koltuk hazırdı ve ben de onlardan birine oturdum. Sonra odanın ikinci kapısı açıldı ve 16 yaşlarında bir kız sırtında bir gitarla içeri girdi. Zamanla oda doldu ve en yaşlılardan biri olduğumu keşfettim. Her şey akşam 8'den kısa bir süre sonra başladığında, elbette, daha önce yapmaktan hiç hoşlanmadığım kendimi tanıtmak zorunda kaldım. Daha sonra iki okuma ve İncil'den bir müjde olan bir Efkaristiya olduğu ortaya çıktı. Katolik olan büyükannemin okul günlerimde beni sık sık Katolik Kilisesi'nde ayine götürdüğü aklımın bir köşesindeydi ve o zamanlar bunun benim için hiçbir şey olmadığını düşünüyordum, bütün yaşlılar dua ediyorlardı. Ve diz çöküp tekrar dua edin. Ama biraz farklıydı ve sadece katılımcılar değildi. Mukaddes Kitaptan iki okuma, bireysel katılımcılar tarafından hazırlandı ve okundu. Kendisini bir rahip olarak gösteren Wolfgang, sadece başkanlık etti ve İncil'i okumak ve ardından bir vaazdaki tüm okumaları analiz etmek zorunda kaldı. Biz, tüm katılımcılar, ilgili okumanın bize ne söyleyeceğini ve bunu gönüllü olarak da duyurabiliriz. Ayrıca gitarın sadece bakmak için orada olmamasını, bireysel okumalar arasında her zaman bir şarkının tonlanmasını ve hepimizin onunla birlikte şarkı söylemesini sevdim. Eh, bu saat 22:00 civarında tamamlandı ve takip eden Salı saat 20:00'de bir ayin söz konusu olacağı konusunda bilgilendirildim. Bana böyle bir panayır sözü verdikten sonra salı günü geri döndüm. Daha sonra, yedi yıl boyunca uyguladığım ve kişisel olarak bana çok şey katan Neokathomenat'taki 10. cemaatin kardeşi oldum. Bu topluluktaki süreç her zaman aynıydı, bu gruptan 3 ila 4 kişi, birkaç gün önceden evdeki 3 ila 4 kişiden birinde ilgili ayin veya Efkaristiya'yı hazırlamak ve sonra o gün sunmak zorunda kaldı. Katılmak için yeterli sayıda insan bulmak her zaman kolay olmadı. Ayrıca Aşağı Avusturya'daki bir otelde bir veya iki ayda bir pazar günleri ve yılda yaklaşık iki kez topluluk hafta sonu bir topluluk oluşturduk. Mayıs 2011'de bu topluluğa geldiğimde, sadece yarım yıldır var olmuştu. Yani birbirinizi çok iyi tanımıyordunuz ama yıllar içinde bu durum değişti, çünkü siz bir başkasıyla birlikte hazırlanmaya devam ettiniz ve onun hareket ettiği ortamı gördünüz. O sırada iki kız kardeş, Maria ve Giada ile arkadaş oldum. Maria, Polonya'da doğdu ve Avusturya'da okudu, Giada, Capri / İtalya'dan yaklaşık 20 yaşında genç bir değişim öğrencisiydi. Her ikisiyle de çok şey yapmıştım, ancak Giada 2012 yazında zaten mükemmel Almanca konuştuğu İtalya'ya geri dönmek zorunda kaldı. Beni Maria'ya bağlayan şey, bağımlılığımı benim kadar, aşırı derecede değil, şımartmasıydı.

Nisan 2012 hapis cezası

10 Nisan'da, giderek azalan hapis cezama başlamak için eşyalarımla birlikte 11. bölgeye gittim. Bunun öncesinde, iki ay önce boynumda idam tarihi 10 Mayıs 2012 olan başka bir tahliye davası vardı. Bu yüzden 20. bölgedeki daireyi boşaltmak için çok az zamanım vardı. Maria ve daha sonra geleceğim meslektaşım, o sırada gözaltında olduğum için bana çok yardımcı oldular. Gözaltı merkezine geldiğimde iyice arandım ve ardından kapalı koğuşa ikişer ikişer 10 metrekarelik bir hücreye konuldu. Başlangıçta ne yapmam ve yapmamam gerektiği ve hangi departmanın olduğu konusunda bilgilendirildim. Gün boyunca, hava müsait olursa, avluda sadece bir saatlik yürüyüş vardı. İlk iki ay tabii ki yeterince zamanım vardı, mahkûm arkadaşımla konuşmak her zaman kolay olmadı, bu

yüzden İncil'i aldım ve kataraktlara rağmen baştan sona okudum. İki ay sonra, gözaltı merkezinde çalışılabilecek rahat cezaevi sistemine transfer edildim. Odada çeşitli departmanlarda çalışmış 6 ila 10 kişi vardı. Ama özgürlüğünün tadını çıkaran biri olduğum için tekrar transfere izin verdim ve kendimi açık havada buldum. Bu, sabah 4:30'da kalkıp 11. bölgeden diğer mahkumlarla birlikte bahçecilikle görevlendirildiğim 14. bölgedeki kışlaya gitmek anlamına geliyor. Temmuz 2012'de bütün gün güneşte durmak pek hoş olmadığı için, saat 16.00'da işin bitmesini özledik. Ondan sonra akşam 6'ya kadar gözaltı merkezine geri dönmemiz gerekiyordu. Bir yıl önce katıldığım burs, bu süre zarfında bana çok büyük destek verdi. Bu, ziyaretimin her gününde şu anki üç kardeşimin beni ziyarete gelmesi ve beni teselli etmesiyle ifade edildi. Ayrıca hafta sonunu kurum dışında açık hava departmanı ile geçirme fırsatım olduğu için, diğer şeylerin yanı sıra pazar günü bir topluluğa katılabildim. Burada ayrıca belirtilmesi gereken, 4 kuzen ve bir teyze ve amca şeklinde bazıları da dahil olmak üzere tüm akrabalarımın ziyaret saatlerinde gelmemesiydi, kardeşim hakkında konuşmak bile istemiyorum. Çünkü oturduğumu biliyordu. Ayrıca, kız kardeşim Maria, annemle babamla barışmam için bana çok baskı yaptı, çünkü onu şu an bulunduğum yer için suçlu yaptım. Bu, bir pazar sabahı saat 8'de bu sohbet için dışarı çıkmama izin verildiğinde oldu. Ede evet ikisi de ölmüştü taşlarla ne konuşayım. Ama mezarlık gözaltı merkezine yakın olduğu için tramvaydan inip mezara gittim. İlk başta ne diyeceğimi bilemedim ama sonra sanırım onlarla yaklaşık yarım saat konuştum ve sonunda yanaklarımdan yaşlar süzüldü. Tramvaya geri döndüğümde 10 kilo daha hafif hissettim. O zamandan beri ailemle barıştım, onlar sadece taş olsalar ve yine dudaklarımdan annemle babam hakkında kötü bir söz çıkacak olsa da buna hakkım yok, daha iyisini yapmalıyım, ama başaramadım gibi görünüyor. Ya da en azından şimdiye kadar. Bir sabah işe gitmek için kışlaya dönerken başıma bir kaza geldi. Kışlada yemek yeme seçeneğimiz vardı. Bu, kahvaltı, öğle yemeği ve ara sıra akşam için konserve şeklinde yemek yiyebileceğimiz anlamına geliyor. Her zamanki gibi sabah 6:30'da kahvaltıya gittim ve doyurucu bir taze ekmek yedim. Aniden üst dişlerimin ortasından kırıldığını fark ettim. Bu nedenle, akşam gözaltındayken dişçiyi ziyarete izin verilmesini ayarladım, çünkü ısırığım verilmedi. Ben de aldım ve o gün kurumda kalmak zorunda kaldım. Tutuklu kaldığım süre boyunca sağlık sigortam olmadığı ve tedavi masraflarının yargı bütçesinden karşılandığı önceden bildirilmelidir. Bu yüzden, mutlaka en iyisi olmayan, ancak dişlerimi onarmak için yargıyı çokça suçlayan bir dişçiye geldim. Zamanında zaten kayıt yaptırmıştım, kataraktım o kadar kötüleşti ki sonunda sadece %2 görme yetisine sahip oldum. Bu, ayaklarımın yardımıyla kaldırıma yetişmem gerektiği anlamına geliyor. Yanlışlıkla bu operasyonun gözaltında da yapılabileceğini varsaydım, ancak 12 Aralık'ta gözaltından çıktıktan iki gün sonra operasyon için sağ gözüm vardı ve bir hafta sonra diğeri.

10 Aralık 2012'de kapatıldı

O gün serbest bırakıldım ve şimdi yaklaşık 700 € ile sokakta duruyordum- %2'lik bir vizyon ve cüzi eşyalarım ve başımın üstünde bir çatı olmadan. Ama Werner adında bir birader ben gözaltındayken 8. Bölge'deki kabinesine geçmeyi teklif ettiği için seve seve kabul ettim. Sadece bir şey bulana kadar söyledi. Artık cebimde çok fazla para olduğu için doğal olarak kaşınıyordu, muhtemelen zamana bağlı olsa da gözaltı sırasında böyle bir görüntüm olmadı. Olması gerektiği gibi oldu, oynamaya devam ettim ve bir süre sonra Kardeş Werner bana daire aramamın ne kadar ilerlediğini sordu. Çok hevesli olmadığımı görünce haklı olarak bana bir ültimatom verdi. Bunun da geçmesine izin verdim ve bu nedenle 16. bölgede 20 metrekarelik bir odada bir saniye ile birlikte aldığım evsizler ilticası için Viyana belediyesine başvurmak zorunda kaldım. Hayal gücüme göre, bunun için hiçbir ücret ödemeyeceğinizi hayal etmiştim ama bu bir hataydı. Kesinlikle kira tutarı değil, ama en azından başlangıçta ödeyebildiğim 160 € idi. Ama zamanla bu artık mümkün olmadı. Sosyal danışmanlara rağmen beni evden çıkarmak zorunda kaldılar. Şimdi ne var? Bu yüzden işverenim ve arkadaşım Kamal, beni işyerinin bodrum katında, tuvaleti ve suyu olmayan bir yere yerleştirmeyi teklif etti, çünkü yıl çoktan ilerlemiş ve kış gelmek üzereydi, tabii ki diğerinin bilgisi olmadan kabul etmek zorunda kaldım. Ev partileri. Orada yalnız değildim, uyuduğum zamanlarda yüzümün üzerinden geçen fare şeklinde evcil hayvanlarım da vardı. Muhtemelen haftada en az bir kez ne için yaşadığımı düşündüğüm zamandı. Hiçbir şey elde etmemiştim, aksine her şeyi mahvetmiştim, 11 yaşında oğluma Berlin'de çalışmak zorunda olduğum yalanını söylemek zorunda kaldım ve bu yüzden onu hapishaneden haftada sadece bir kez aradım. İntihar düşüncelerim o zamanlar zaten çok aşırıydı. Elbette cemaatteki erkek ve kız kardeşlerim de tüm bu sefaletten haberdardı ama onlar da bana yardım edemezlerdi, bu ilmihal uzmanına kadar gitse bile.

24 Aralık 2014 sonu

Şimdi Noel'di, önceki yıllarda olduğu gibi. Bodrumda uyudum, yanımda evcil hayvanım vardı ve cüzdanımda 20 € vardı. Hala birkaç yiyecek vardı, çünkü zamanla yemek ve sigara için günde 6 € ile yaşayabiliyordum. Peki, bu parayla ne yaparsınız, en yakın kumarhaneye gidersiniz ve miktar gitmiştir. Bu noktada, Viyana belediyesinde küçük şans oyununun 1 Ocak 2015'te durdurulmasına karar verildi. 30 yılı aşkın süredir beslediğim tüm makinelerin kapatıldığı anlamına geliyor, ancak Aşağı Avusturya'da değil, yalnızca Viyana'da. Eh, yeni yıl geldi, Viyana'da artık makine yoktu ve para cebimdeydi. Şimdi trene binme,

Viyana'nın bir banliyösüne gitme ve bu kovaları yemeye devam etme fırsatım oldu. Ama durum böyle değildi, neden bugün hala kendimi açıklayamıyorum, ama ne olursa olsun kesinlikle sorgulamayacağım. Yani 30 yıl ve bunun getirdiği zorluklardan sonra 24 Aralık 2014'te bu bağımlılıktan kurtuldum. O günden sonra bir daha hiçbir makineye dokunmadım. Tabii ki zamanla kumar oynadıklarımın cevabını veremedim ama kesinlikle 7 haneli bir miktar olduğunu varsayıyorum. Diğer bir deyişle, kâr ve satış vergilerimi işimle ödemiştim ve bu çok kıt değil, en azından benim tarafımdan, ama bunun vergi dairesi ve belediye gibi ilgili makamlara geçip geçmediğine karar veremiyorum. İlginç olan, 2012'de zorunlu oturma iznimi aldığımda, oynamak zorunda değildim ve neredeyse özgürken, tekrar devam etti. Şimdi nasıl devam etti? Şubat 2015'te yine evsizler barınağında bir yer aradım ve hemen 16. bölgede buldum. Şimdi her şey peş peşe oldu. Bana bakan sosyal hizmet görevlisi, bir topluluk dairesine atanmam için bana çok baskı yaptı. 160 € 'lük yerin ücreti artık sorun değildi, bu yüzden düzenli olarak ödendiler. Ocak 2013'te zaten bir topluluk dairesi sunduğumdan, bu sefer işe yarayacağını ummamıştım. 2013'te son üç yıla ait kayıt ve kiralama sözleşmelerimi onaylamamı istediler. Kayıt teyidini yerine getirebildim ama tabii ki kira sözleşmesi sağlayamadım. Avusturya vatandaşı olduğum ve Viyana'da doğduğum argümanı da yardımcı olmadı. O zaman o kadar öfkeliydim ki, bu olumsuz bildirimin bana verilmesi gerektiğini, çünkü bu kâğıda belirli bir yer için ihtiyacım olduğunu söyleyerek kendimi kaptırdım. Peki tekrar. Bu evdeki sosyal hizmet görevlisi, evden ayrıldığımda daire için param olması için her ay eve belirli bir miktar para yatırmamı istedi. 1 Temmuz 2015 tarihinde bugün hala oturduğum 20. mahallede 36 metrekarelik küçük bir daire aldım. Ama neredeyse hiç mobilyam olmadığı için ankastre mutfaktan dolaplara kadar her şeyi almak zorunda kaldım. Daire 5. katta olduğu için evsizler barınağından bir oda arkadaşım bana yardım etti. Neler oluyor, kumar bağımlılığı ortadan kalktı, kendi dairem vardı, bugüne kadar kira borcum yoktu ve hepsinden önemlisi birden cüzdanımda 10 avrodan fazla param oldu. Bu harika bir duyguydu ve şimdiye kadar hiçbir şey değişmedi. Başka bir deyişle, oyuncuyken ne olduysa, kendimi hayata getirdim, ille de buna atfetmezdim.

Şubat 2016 normal hayat

2016'nın başında posta kutuma bir kartpostal düştü. Bunu okudum ve ücretsiz olarak kaydolabileceğiniz çevrimiçi bir portal olduğunu öğrendim. Bedava olunca ben de yaptım. Her şey ilgi alanlarına bağlı olarak yüzlerce farklı grubun bulunduğu bir web sitesiydi. Hep meraklı biri olduğum için gruplara baktım ve benimle konuşan 4-5 grup buldum. Bunlardan ikisi için 50+ kulüp ve 60+ kulüpte, üyelerin yaşlarına da tekabül eden etkinlikler belirledim. Şimdi 60+ Treff grubunun yöneticisi Helmut, iki haftada bir akşam 18:00'de restoran ziyaretleri düzenliyordu. Her seferinde farklı bir restoranda. Geçmişimden böyle bir şey bilmediğim için orada her zaman iyi yemek yemek ve orada bulunan 8-10 kişi ile 3-4 saat dedikodu yapmak benim için bir zevkti. Diğer grup, 50+, benim için en başından beri bir meydan okumaydı. Sonra admin yazdı adımı unuttum yine 2 haftada bir cuma akşamı 18.00'de 3. mahalledeki bir pazar tezgahında bir toplantı. Ancak bu grupta odak gıda değil, daha çok toplumdu. Ancak bu toplantılar optimal bir şekilde organize edilmediğinden, bu toplantılara sadece bir avuç insan geldi, ancak daha fazlası mümkün olmadı, bu stantta daha fazlası için yeterli alan yoktu. 60+ Treff grubundan yönetici Helmut, 2019'daki vefatına kadar bunu çok daha kesin bir şekilde yaptı. O zamanlar bekar olduğu için arkadaşım Roman'ı her iki toplantıya da yanımda götürdüm, ama ona daha sonra geri döneceğim. Dediğim gibi, 50+ grubunda çok fazla bir şey olmadı ve bu yüzden bu grup aracılığıyla her 2 haftada bir toplantıları çevrimiçi hale getirmek için inisiyatif aldım. Grubun o zamanlar yaklaşık 100 üyesi vardı ve bu yüzden partaldaki bir pazar tezgâhı büfesinde değil, bir lokantada toplantı ilan ettim. Başlangıçta bu gruptan belki 7 ila 8 kişi vardı ve tabii ki asıl odak noktası yemek değil, sohbet ve sohbetlerdi.

İlginçti ki, her birinde, her 2 haftada bir, sürekli olarak erkeklerden daha fazla kadın vardı. Bu, bazen Roman ve benim tek erkek olduğumuz anlamına gelir. Ama benim için de yeni bir deneyim olan kadınlarla etrafımı sarmayı sevdikten sonra, kadınları da ona göre kabul ettim. Bu, sağ ve sol öpüşmek anlamına geliyordu, daha sonra bunun konuşmanın sonraki kalitesi üzerinde bir etkisi olduğunu anladım. Başlangıçta biraz hantaldı, ancak zamanla bu toplantılara daha fazla geldi. Bu grubun üye sayısı da istikrarlı bir şekilde arttı ve sonuna kadar 500 üyeye ulaştı. Bu grubun yöneticisi olmadığım için, tabii ki bu grubun diğer üyelerine düşmanlık vardı, diğer şeylerin yanı sıra bunun bir ortak değişimi olduğu iddiasıyla ilgili yorumlarla tekrar web sitesine koydum. 2018 ve 2019'da mutlaka bir bara gitmeniz gerekmediği, kültür ve hafif sporların da olduğu fikrine kapıldım. Bu toplantılar mutlaka üyeler tarafından kabul edilmemiştir. Kabare, bowling, bilardo ya da mini golftu, yani süslü şeyler yoktu. Bu tür toplantılara sadece 5-6 kişi geldi, ben de yerel toplantılara geri döndüm. 2020 yılında pandemi geldiğinde son toplantımızı şubat ayında 3. bölgede yaptık. Birkaç ay sonra Pamela tarafından 50+ Treff grubunu artık web sitesinde bulamadığı konusunda bilgilendirildim. Ancak bu tür toplantılar sokağa çıkma yasağı ve diğer kısıtlamalarla gerçekleşemeyeceği için bu gerçeği fark etmedim. Araştırdım ve hem yöneticinin ölümünden sonra hiçbir faaliyeti olmayan 60+ Treff grubunun hem de 50+ Treff grubunun ve üyelerinin bu sayfadan kaldırıldığını gördüm. Arka plan ve bir süre önce, arkasındaki yazılımın (sözde Ubuntu) çöktüğü ve bu web sitesi aracılığıyla yeni yazılımın yüklendiği ortaya çıktı. Artık kendime bir programcı dediğim için, orada ne olacağını öğrenmek için bu sitenin sahiplerine, bu şirkete yaklaşık iki kez yazdım. Cevap, bazı eski grupların artık eski haline getirilemeyeceğiydi. Tabii ki, bunun çok iyi yapılabileceğine dair yorumumu da yaptım, ancak aynı zamanda çok büyük bir zaman harcamasıyla, çünkü verilerin mevcut olması gerekiyor, sadece okuyup yeni portala eklemeniz gerekiyor.

<u>2015 sonbahar dans etkinlikleri</u>

Birkaç yıldır tanıdığım arkadaşım Roman bir keresinde bana bir cumartesi günü Viyana'daki Emekliler Derneği'nde dans etmeye gidip gidemeyeceğimi sordu, o zaman gitmiştik. Ve böylece her cumartesi akşamı ya 2. bölgede ya da 20. bölgede pandemi 2020'de gelene kadar dans etmeye gittik ve tabii ki daha fazla etkinlik olmadı. O zamanlar emekli değildim, ama ne halt, profesyonel bir dansçı olmasam bile hoşuma gitti (umutsuz vaka).

<u>Aile</u>

Evet, muhtemelen 10-11 yıl boyunca buna sahibim ama yatılı okula gittiğimde ilişki kötüleşmiş olmalı çünkü orada istesem de istemesem de kararlarımın %90'ını tek başıma vermek zorundaydım. Bunu yaparken, tavsiye veren neredeyse hiç kimse yanımda olmadı. Kabul edip etmeyeceğim de şüpheli. Çocukluğumda, hafta sonları benden biraz küçük olan 3 kuzenimle iyi bir ilişkim vardı, dördüncüsü ile sadece iki kez kendi istekleriyle iletişim kurdum. Yani neredeyse her hafta sonu 11. bölgedeki 3 kızı gördüm. Ağabeyime gelince, yaklaşık 16 yıldır tek yürek ve tek ruhtuk. Şimdi bir karısı olması gerektiğini söylediğinde bu değişti. 30-35 yaşlarındayken, Aşağı Avusturya'da benim huzurumda anne ve babasından mirasını nakit olarak istedi. Arka plan, şimdi evli ve iki kızı olması ve burada ve şimdi Almanya'da bir varlık inşa etmesi gerektiğini söylemesiydi. Bu istek fiziksel güçle ifade edildiğinden, 20 yıl boyunca "hoşçakal" dedi. Babamın ölümünden kısa bir süre öncesine kadar onunla hiçbir temasımız olmadı. Bugün bile onunla hiçbir bağlantım yok ve nerede yaşadığımız hakkında ne onu ne de beni bilmiyorum. Şu anda 20 yaşında olan oğluma gelince, 2012'de ona gözaltında olduğumu söyleyemedim ama yurtdışında çalışmak zorunda olduğumu söylemeliyim, o zaman 11 yaşındaydı. Partnerim ve ben bu konuda anlaşmıştık onunla en azından hafta sonu da olsa 11. bölgede kalmaya zorlanana kadar iyi bir ilişkim vardı. Nisan 2018'den bu yana defalarca denememe rağmen, benim düşünceme göre, eski eşimin sevgili bir akrabası, 2012'de gerçekte nerede olduğumu kendisine bildirdiğinden, herhangi bir temasım olmadı, onu en son 15 Temmuz 2017'de gördüm. Aslında hayatımın ilk yıllarında annemle olan ilişkim iyiydi ama çok farklı karakterler olduğumuz için en geç yatılı okulla değişti ama bu onun yanında olduğum gerçeğini değiştirmedi. Hayatının son yıllarında. Ama beni çok etkileyen ve bugün hala beni ilgilendiren şey, babamla asla konuşamamam ve muhtemelen onun da benimle konuşamaması.

Arkadaş

Yıllar içinde kesinlikle burada sınıflandırmaya çalıştığım birçok arkadaşım oldu, ancak buna gerçekten hakkım olmasa da dediğim gibi, ben böyle görüyorum. En iyi arkadaşlarım arasında kesinlikle Aşağı Avusturya'dan olanlar vardı. 12 yaşında öğrendiğimde zaten biliyordum. Ancak, Aşağı Avusturya'nın tüm federal eyaletine yayıldıkları için, dostluk yaklaşık 15 ila 20 yıl sonra sona erdi. Viyanalı arkadaşıma gelince, neden beni kumar bağımlısı olmaktan asla alıkoymadığını bilmiyorum. Ama bunu yapamayacağına dair ona teşekkür etmek isterim. 2005 veya 2006'da dükkandaki stand PC'mde sorun yaşadım ve genellikle para sıkıntısı olduğu için bilgisayar tamiri aradım, yine 20. bölgede buldum. Orada iki sokak ötede kiler barına geldim. Kamal isimli şahsı gördüğümde, Arap olması gerektiğini anladım ve bu insanlarla daha önce yıllarca uğraştığım için ona böyle hitap ettim. Arapça sözlerime cevap verdi ve İskenderiye'de doğduğunu ama şimdi Avusturya vatandaşı olduğunu söyledi. Bir ya da iki yıl sonra, iki caddeyi aşağı, zemin kattaki bir restorana taşıdı, bir süre sonra beni burada işe aldı, donanımdan ve ben yazılımdan sorumlu. Bana bodrumda barınma teklif eden oydu. Yaklaşık bir yıl sonra 20. mahalledeki dükkânımıza biraz daha yaşlı bir bey geldi, benden 20 yaş büyük olduğu ortaya çıktı. Kendi web sitesiyle ilgili sorunları olduğunu, yazılım uyarlandığı için artık yolunu bilmediğini ve birkaç şey eklemek istediğini söyledi. Ne yaptığımı yerinde görmek isteyebilirim. Orada, yıllardır üzerinde çalıştığı oldukça büyük bir web sitesi buldum ve bu sisteme girmenin yolunu okudum. Sonunda, yeni sistemle yaşadığı konuşma sorunlarını nihayet çözebildim. Her iki karşılaşmadan da gelişen, bugüne kadar devam eden ve kaçırmak istemediğim bir dostluk. Evet, 60+ kulüp ve 50+ kulüp gruplarından bağlantılar yapıldı, ancak pandemi ile tekrar başarısız oldular.

Ortaklıklar

Araştırma merkezindeki meslektaşımla ilk ortaklık beni biraz hayal kırıklığına uğrattı, çünkü beni ve bir çocuğu anne babasıyla aynı çatı altına taşınmaya zorladığını ve bu sayede babasının beni çok iyi kabul ettiğini, ancak karısını biraz küçümsüyordum. Her şeyi bilmek zorunda olan beni biraz sinirlendirdi. Hayatımdaki ikinci eşim ise tartışmasız hayatımın kadınıydı, yoksa birlikteliğim 20 yıldan fazla sürmezdi. O zamanlar 8 yaşındaki oğluna rağmen ayrılması muhtemelen %95 benim hatam. Geriye dönüp baktığımda kendimiz ve sorunlarımız hakkında hiç konuşmadığımızı fark ettim ve sonra, ayrılıktan sonra yaptığımız gibi, her şey için çok geçti. Belki daha önce konuşsaydık bu bir şeyleri değiştirirdi. Bilmiyorum. 50+ Treff grubunun, bu grup için çalışmamın en başından beri bir tür ortak portali olduğu söylendiğinden, olması gerektiği gibi oldu. Aşağı Avusturya'dan Britta'nın benden ayrılmasından 8 yıl sonra, 2017'de

Pentecost'tan bir Cuma günüydü. Orada bir kez daha bir barda ve meyhane bahçesinde bir toplantı yaptık. Arkadaşım Roman ile her zamanki gibi oraya gittim. Sonra 50+ Treff grubunun bir üyesi olan ve benden bir yaş küçük olan Pamela geldi ve Roman ile benim aramıza oturdu. Akşam boyunca, Pamela ile aramda bir kerelik bir konuşma gelişti ve çok konuştuk ve güldük, bu yüzden artık diğer katılımcıları gerçekten fark etmedim. Bu süreçte, gülecek bir şeyimiz olduğunda, kolumun üst kısmına ya da uyluğuma hafifçe vurduğunu fark ettim. İyi kaydoldum, ama şimdi ne olacak, çünkü bu konuda en cesur değildim. Ama cesaretimi topladım ve ona cumartesi günü Pentekost günü bir yerde buluşup yürüyüşe çıkamayacağımızı sordum, ertesi gün de aynısını yaptık. Bulutların arasından düştüm ve pazar günü Pentekost günü topluluğumun topluluk gününe gittim. Ama böyle günlerde hep alışılmış olduğu için kısa bir duadan sonra yolu ve kişinin kendi deneyimlerini konuşması ve yaklaşık 20 kişinin önünde tabii ki gönüllü olarak, bir süre sonra başladım. Dediğim gibi 57 yaşındaydım ve binaya girmeden önce Pamela ile telefonda konuşmuştum. Bu yüzden, herkesi etkileyebilecek tedavisi olmayan bir hastalıktan muzdarip olduğumu ve diğer çiçekli ifadelerimden mustarip olduğumu söyledim. Etrafıma baktım ve perişan yüzler dışında gerçekten hiçbir şey seçemedim. Ne hakkında konuşuyordum? Eh, tabii ki sorular ve ifadeler vardı, örneğin: 16 yaşında biri gibi konuşuyorsun ve orada bulunanlardan biri, 22 yaşında bir öğrenci bana sordu: Edi aşık mısın, tabii ki ben. Inkar edemezdi. Bir ay sonra, 15 Temmuz 2017'de, Pamela ve benim bir çift olduğumuzu hayal ettim, o zamanlar bilmediğim oğlumu son kez Aşağı Avusturya'ya görmeye gittim. Fazla heyecanlandığımı kısa sürede fark ettiğinden, ona hayatımda yeni bir kadın olduğunu itiraf ettim ve ona bir resmini de gösterdim, sonra pişman oldum. O sırada Pamela Steiermark'ta tedavi görüyordu. Geri döndüğünde, 50+ Treff grubunun başka bir üyesinin bu sağlık tesisinde onu takip ettiğini ve Pamela'nın beni götürdüğünü öğrendim. Bu adam ille de sosyal olmadığından, Georg ve Pamela arasındaki bu ortaklık sadece geçiciydi. Eh, daha fazla toplantı oldu ve Ağustos 2018'de 19. bölgedeki bir Heuriger'de bir toplantı yapıldı. Bu gruptaki bazı kişiler, benim gibi Whatsapp'ta bir grup oluşturup her yerden bize fotoğraflar gönderdiler. Bu cuma günü, Polonyalı Anna adında yeni bir kadın gruba katıldı ve güzel görünüyordu. Çok içten gülebiliyordu, bu beni çok etkiledi. Ayrıca Whatsapp'ta grubumuza katıldı ve ardından komik katkılarla gelmeye devam etti, bu da bu grubu güçlendirdi. Eylül 2017'de bir gün 22. bölgedeki üzümlerin olgunlaştığını ve bu gruptan birinin kendisine üzüm hasadında yardımcı olamayacağını bildirdi. Önümüzdeki hafta sonu için bir gün ayırmıştı. Buna tepki sıfırdı. Ben de kendi kendime düşündüm, neden olmasın, gidip üzüm oku ve 22. bölgede randevu al. Gerçekten gündüz toplayıp akşamları şerbet ve meyve suyu haline getirdiğimiz pek çok üzüm buldum. Ama cumartesi akşamı hiçbir şey "kaçıp gitmediği" için zaman geçti ve o gün bir çift olduk. Ekim ayının ortasında, bir aylık birlikteliğin ardından, yalnız bırakılırsa daha rahat hissedeceğini söyledi ve ben de kabul etmek zorunda kaldım. İyi ya da değil, bu da dağıldı, ancak grupta her zaman toplantılar vardı ve bu nedenle Kasım 2017'de 3. bölgede. Bu restoranda biraz yer sorunu yaşadığımız yaklaşık 20 kişiydik. Her şey sabah 9 civarında bittiğinde, Roman ve ben, Tine ve Julia adında iki kadının durduğu sokağa girdik. Aniden Tine sordu: Şimdi ne yapacağız? Bir kadından böyle bir soru beklemediğim için biraz kafam karışmıştı. Neyse, yakındaki bir kafeye gittik ve orada yaklaşık bir saat kaldık. Sonra Tine bilgisayarlarla meşgul olduğumu öğrendi ve 14. mahalledeki adresini verdikten sonra varsaydığı evindeki bilgisayarıyla ilgili sorunu çözüp çözemeyeceğimi söyledi. Kadın benden yaklaşık iki yaş büyüktü ve mutlaka zayıf değildi. Bilgisayarın bu onarımı veya bu ziyaret, görünüşten pek hoşlanmasam da daha fazlasına dönüştü. Çoğu zaman onunla ve onunla geçirdim. Yeni bir dairesi vardı, ama anladığım kadarıyla, görünüşe göre orada kendini evinde hissetmiyordu, çünkü her zaman bir şeyler satın almak ya da sadece bir yere gitmek için dışarı çıkması gerekiyordu, tutkulu bir şofördü. Bu süre boyunca bana kıyafet ve başka şeyler verdi ve parayı hep barda ödedi. Bu arada kutularımda yeterince kıyafetim olduğu için bunu istemediğimi sorduğumda biraz gergindi. Böylece bir hafta sonu Burgenland'ın en derinlerindeki kız kardeşine gitti ve yolda arabadan aradı. Benim için namluyu kıran buydu. Bana danışmadan her şeye karar vermişti ve aşkımı bir sürü hediyeyle satın alabileceğini söyledi. Yani bu bölüm de bitti. 2018 yazında Roman ve ben 1. bölgede dans etmeye gittik, ikisi de bekar, olayı uzun zamandır biliyorduk ve hepsinden önemlisi iki organizatör. Oraya vardığımızda neredeyse hiç yer kalmamıştı, bu yüzden ikimiz de zaten iki kadının oturduğu bir masaya oturmak zorunda kaldık. Birinin adı Graziella (kısmen İtalyan ebeveynler) ve ne yazık ki ikincisinin adını hatırlamıyorum. Şimdi aynı masada oturduğumuz için bayanlardan da dans etmelerini istemek zorunda kaldım ve bu yüzden Graziella ve ben çok geçmeden yan yana oturduk ve bana bilgisayarında sorun olduğunu söyledi. Tartışmayı artık çok iyi biliyordum ve Graziella benden çok daha büyüktü, ancak yine de 16. bölgedeki evinde göreceğimi doğruladı. Orada da Tine ile aynı sonuç çıktı, bir araya geldik. 17. bölgede, çok sayıda bitki ve ağacın önünde kolayca hareket edilemeyen, buna uygun büyük bahçede küçük bir ev ile uzun vadeli bir kirası vardı. Ayrıca çatı terasının üzerinde üzüm bağları vardı, biz de üzümleri toplayıp sonra onları işliyoruz, yine bir aha deneyimi. Sadece bahçede dolaşmak mümkün olmadığı için bu, evin iç kısımlarına ve nihayet dairenize de uygulandı. Bu nedenle ortaklık zamanla sınırlıydı. Ben kendim tam bir temizlik aptalı değilim ama bir odada hareket edebilmek isterdim zaten 2012'de yeterince sıkışıktım Kasım 2018 başında bir cumartesi sabahı kahvaltıdan sonra bu bağlantıyı bir odada bıraktım. Acele etmek. Neyi yanlış yaptığımı merak ettiğim için bu noktada derin bir deliğe düştüm. 4 kadın ve herkes yürümedi, benim geçmişim miydi, benim "zenginliğim" miydi? Evet, Kasım ayının sonunda bir dans etkinliği daha vardı, 24 Kasım 2018 Cumartesi Arkadaşım Roman beni 2. bölgede bu dansa gitmeye ikna etti. Ama öyle hissetmedim. Sonunda, sonunda beni o kadar uzağa götürdü. Yaklaşık 8 kişilik bir masaya oturduk. Karşımda bana göre yaşlı bir beyefendiyle birlikte olan sarışın bir kadın gördüm. O akşam 6'dan akşam 9'a kadar canlı müzik için pek dans etmemiştim. Sonlara doğru, söz konusu bayan masaya geri döndü ve Roman'la bana orada dans etmek istemiyorsak dedi. Bu ifadeyi çok kötü anlamıştım ve bu nedenle tepki vermedim. Roman hemen ayağa fırladı ve onunla dans etmeye gitti. Artık bu olay bitmişti ve vestiyer odasına gittik. Birdenbire Ully adındaki bu kadın yanımda durdu ve sordu: Benimle mi gidiyorsun ve bununla Roman ve beni kastediyorum. Cumartesi akşamı da geç olmadan benimle gelmekten çekinmedim ve bunu Roman'a da söyledim. O da kabul etti ve uzun bir aramadan sonra yaklaşık 8 kişi 1. bölgedeki bir barda bulundu. Vestiyer odasına gitmeden önce, Roman'a sadece marjinal olarak kaydettiğim cep telefonu numarasını verdi. Şimdi bu barda Ully'yi yanıma oturttuk ve Roman şamanizm ve enerji üzerine bir konferans verdi. Akşam saatlerinde Ully'nin yaşlı beyefendiyle değil, arkadaşı Monika ile geldiği ortaya çıktı. Bunu kaydettiğim anda, biraz utandım, ki bu bayandan hoşlandım. Şimdi Roman'ın numarası vardı, ama muhtemelen ben isteyemezdim. Ben de restorandan bir kartvizit alıp arkasına telefon numaramı yazdım. Restorandan ayrılırken ona bu kartı verdim, ne yazık ki Roman da bunu fark etti. Şeytanın mutfağındaydım ve Ully'de Roman ve benden iki cep telefonu numarası vardı. Ertesi gün, Pazar, neler olduğunu görmek için bekledim. Sabah hiçbir şey olmadı, ama saat 2'de cep telefonu ve Ully hattaydı. Bir kahve içmeye bile gidemeyeceğimizi sordu. Buna cevabım: Derhal ve hemen- iletimde bir kesinti var. Evet, hâlâ bir şeyleri düzeltmesi gerekiyor ve yaklaşık bir saat sonra beni arayacak. Ama bir saat değil, yarım saat oldu ve 20. mahallede bir kahvede buluştuk. Sonra oradaki sinemaya gittik ve yetmediği için 1. kattaki salona da gittik. Ona, alışmış olduğum gibi, geçmiş hayatımla ilgili, üretken olmayabilecek her şeyi anlattım. Aniden bana döndü ve yanağımdan öptü. O zamandan beri bir çiftiz, arada birkaç yaş fark olsa da. Niye ya? Çünkü önceki 4 kadının en iyisi olduğuna inanıyorum.

<u>Neo-Katolik son</u>

2011 yılında burs veya yola katıldığımda, bu yolda yürümenin yaklaşık 30 yıl alacağı en başından belliydi. Şimdi 2017'de bu Pentecost hafta sonunda, ortaklığın bu şekilde yorumlanmasının ne anlama geldiğini, deneyimlerimi yapmak zorunda kaldım ve bu nedenle biraz karamsar oldum. Cemaatten ablam Maria, 7 yıllık aidiyetin ardından Nisan 2018'de kendi canına kıydığında, yolu bitirmeye karar verdim ve aynı şeyi Mayıs 2018'de merhum için bir Vespers'ta yaptım. Bu konudaki düşüncem, yol boyunca bazı argümanlara artık katılamayacağımdı. Bu, elbette, ortaklıkların yorumlanması ve inancın nasıl hayata geçirileceği için geçerliydi. Şimdi inanan biri miyim, değil miyim: Bu soru olamaz ve burada cevaplamak istemiyorum, her şeyden önce bireyin kendisi yapabilir mi? Kendi payıma artık cemaatten ayrıldıktan sonra inancı yaşamaya çalışıyorum. O zamandan beri, bu sadece onunla sessiz dualarda ifade edilse bile, hala Tanrı ile temas halindeyim.

Müşteriler

Hayatım boyunca yerli ya da yabancı fark etmeksizin her zaman saygı ve nezaketle yaklaştığım yüzlerce müşterim oldu. Gazete ve dergi sattığım dönemde müşteri kitlesine gelince, birkaç olumsuz deneyim yaşadım. %99'u hep yabancı olduğu için, insanlar memleketlerine gittiği ve taleplerimi görmezden geldiği için parama bakma gereği bile duymadım. Bilgisayar sektöründe zaten farklı olduğum müşterilerim beni aradıklarında her zaman mutlu oluyorlar. Sorun çözülene kadar dinlenmediğimi biliyorsun ve bu zaman alabilir. Ancak yazılım oluşturduğum zamandan beri bir müşteri hatırlamıyorum. Bu, Almanya'da ikamet ediyor, ancak farklı bir soydan geliyor. Üç şirketi arasında diş muayenehanesi, diş laboratuvarı ve diş deposu bulunmaktadır. 2010 sonbaharında dişçi deposundaki çalışanı dükkanımıza geldi. Arka planda hesaplama programı artık çalışmıyordu ve bunu düzeltip düzeltemeyeceğimi sordu. Bu adamın mutlaka ticari bir bilgisi olmadığı için, bu programın artık kurtarılamayacağını gördüm. Şimdi her şeyin temelde çok çeşitli yaklaşımlara sahip üç şirketten oluştuğunu fark etmiştim. Böylece 20. bölgedeki şirketimizin bir parçası olarak, finansal ve envanter muhasebesi, açık kalem yönetimi ile üç şirkete de teklif oluşturduk. Müşteri ve tedarikçi arama yönetimi ve çok daha fazlası. Bunu patrona sundum ve o bu teklifin bazı kısımlarını kabul etmeye ve diğerlerini reddetmeye başladı. Ama her zaman her şeyi %100 yaratma hırsına sahip olduğum için, bu durumda ve tabii ki teklifimizin başka bir bölümünü kabul etme kararının alınmasıyla ilgili olarak da durum böyleydi. Ancak yazılım statik olmadığı için program genellikle uyarlanmıştır. Bu yüzden, yedi yıl boyunca her seferinde teşekkür etmek için dişçi toptancısına haftada dört kez gittim. Orada bulunan çalışanlar mutlaka tüccar olmadığı için yıllık envanteri çıkaramadılar. Yani 2017'deki envantere kadar orada bulunanların yardımıyla benim tarafımdan yapıldı. Ama böyle bir şeyin en fazla iki gün içinde yapılması gerektiğini ticari tecrübelerimden bildiğim için bu konuda zorlandım. Son envanter iki hafta içinde aşamalı olarak tamamlandı. Tarafımızdan ibraz edilen faturanın üç defa ödeneceği önceden kararlaştırılmıştır. Üç haneli Euro cinsinden ilk kısmı tutar ödendi, geri kalanı hala açık. Müşterinin argümanı, programımın çalışmadığı ve temelde kendisiyle çeliştiğiydi. Yazılım bir yandan yedi yıl boyunca kusursuz çalıştı, diğer yandan bugün hala kullanıyorlar ve dört yıldır da kullanıyorlar. Böylece iyi bir 4 haneye geri döndük. Bir avukatın ödeme emrini tehdit eden mektubu bile dikkate alınmadı. Bugün işimizin bir parçası olarak baktığım mevcut müşterilerime gelince, benden ne aldıklarını bildikleri için benim için tamamen hevesli olduklarını söylememe izin verin. Bir yandan bu sadece hızlı randevu değil, aynı zamanda müşterinin bir çözüm bulana kadar vazgeçmediğimi bilmesidir. Zaman alıyor olabilir ama işe yaradığını her gördüğümde mutlu oluyorum.

Devam et

Siz, bir okuyucu olarak, şimdi bunun hayat olmadığını okuduğunuzu düşünebilirsiniz. Evet olabilir, ancak daha önce de belirtildiği gibi, bunlar yalnızca benim kararlarımdı, doğru ya da yanlış olup olmadıkları her zaman ancak geriye dönük olarak belirlenebilir. O halde bir sonraki soru, mutlu olup olmadığım ortaya çıkıyor. Ancak bu tamamen öznel bir değerlendirme olduğu için herkes buna farklı cevap verecektir. Mutluyum. Niye ya? Bağımlılığımın zamanını düşündüğümde, aslında hayat denen şey değildi, bu yüzden bu dönemi atlattığım için mutluyum. Bunu o zamanlar nasıl becerdiğim hala net değil, ama o zamanı atlattığım için mutluyum. İlk kitabımda formüle ettiğim gibi tatmin olup olmadığım cevapsız kalıyor. Bunun nedeni, en yakın arkadaşımın, bugüne kadar hala anlayamadığım iyi bir 10 yılın ardından kendi isteğiyle benden ayrılmasıdır. Hayat benim için başka neler hazırladı bilmiyorum ama beni sarsacak daha fazla bir şey olamaz.

© 2021, Eduard Wagner
Üretim ve yayıncılık: BoD - Books on Demand, Norderstedt
ISBN: 9783755761006